2025－2035
世界未來報告書

人類走向發展臨界點，氣候緊急狀態影響所有產業，
AI能否帶來解方？全球未來關鍵10年

세계미래보고서 2025-2035:
미래 10 년의 모든 산업을 뒤흔들 기후비상사태

朴英淑（Youngsook Park）
傑羅姆・格倫（Jerome Glenn）◎著

金學民、顏崇安◎譯

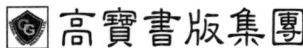

撰寫機構

全球未來研究智庫
千禧年計畫
The Millennium Project

　　千禧年計畫位於美國華盛頓，是專門研究全球未來的團體，目前正在與聯合國及其下屬研究機構等各國際組織密切合作，為人類的永續發展持續研究解決方案。

　　千禧年計畫源自 1988 年聯合國的「新千禧年未來預測計畫」，於 1996 年成為非政府組織（Non-Governmental Organization，NGO）。本計畫自 1996 年至 2007 年接受聯合國大學（United Nations University，UNU）美國理事會資助，2008 年轉移至聯合國經濟及社會理事會下屬聯合國協會世界聯合會（World Federation of Nations Associations，WFUNA），並於 2009 年成為獨立的國際非政府組織。

　　千禧年計畫在全球擁有 77 個分支機構，由來自各領域的 4,500 多名專家學者擔任理事。該計畫會提出國際社會所需的長期願景，分析其中的機會與危機，並提供必要的政策和戰略建議，以透過科學的未來預測，提前警告大眾未來社會可能面臨的危險。

千禧年計畫網（按字母順序排列）

阿根廷 Argentina
- Miguel Angel Gutierrez
  Latin American Center for
  Globalization & Prospective
  Buenos Aires, Argentina

澳大利亞 Australia
- Anita Kelleher
  Designer Futures
  Inglewood, Australia

亞塞拜然 Azerbaijan
- Reyhan Huseynova
  Azerbaijan Future Studies Society
  Baku, Azerbaijan
- Ali M. Abbasov
  Minister of Comm. & IT
  Baku, Azerbaijan

玻利維亞 Bolivia
- Veronica Agreda
  Franz Tamayo University
  La Paz and Santa Cruz, Bolivia

巴西 Brazil
- Arnoldo Jos éde Hoyos and Rosa
  Alegria
  São Paulo Catholic University
  São Paulo, Brazil

比利時 Brussels-Area
- Philippe Destatte
  The Destree Institute
  Namur, Belgium

加拿大 Canada
- David Harries
  Foresight Canada
  Kingston, ON, Canada

中歐 Central Europe
- Pavel Novacek, Ivan Klinec, Norbert
  Kolos
  Charles University
  Prague, Czech Republic；
  Bratislava, Slovak
  Republic, Warsaw, Poland

智利 Chile
- Hèctor Casanueva
  Vice President for Research and
  Development
  Pedro de Valdivia University
  Santiago de Chile, Chile

中國 China
- Zhouying Jin
  Chinese Academy of Social Sciences
  Beijing, China
- Rusong Wang
  Chinese Academy of Sciences
  Beijing, China

哥倫比亞 Colombia
- Francisco José Mojica
  Universidad Externado de Colombia
  Bogota, Colombia

多明尼加共和國 Dominican Republic
- Yarima Sosa
  Fundación Global Democracia & Desarrollo, FUNGLODE
  Santo Domingo, Dominican Republic

埃及 Egypt
- Kamal Zaki Mahmoud Sheer
  Egyptian-Arab Futures Research Association Cairo, Egypt

芬蘭 Finland
- Juha Kaskinen
  Finland Futures Academy, Futures Research Centre
  Turku, Finland

法國 France
- Saphia Richou
  Prospective-Foresight Network
  Paris, France

德國 Germany
- Cornelia Daheim
  Z_punkt GmbH The Foresight Company
  Cologne, Germany

希臘 Greece
- Stavros Mantzanakis
  Emetris, SA
  Thessaloniki, Greece

科威特 Gulf Region
- Ali Ameen
  Office of the Prime Minister
  Kuwait City, Kuwait

印度 India
- Mohan K. Tikku
  Futurist / Journalist
  New Delhi, India

伊朗 Iran
- Mohsen Bahrami
  Amir Kabir University of Technology
  Tehran, Iran

以色列 Israel
- Yair Sharan and Aharon Hauptman
  Interdisciplinary Center for Technological Analysis & Forecasting
  Tel Aviv University Tel Aviv, Israel

義大利 Italy
- Enrico Todisco

Sapienza University of Rome
Rome, Italy
○ Antonio Pacinelli
University G. d」Annunzio
Pescara, Italy

日本 Japan
○ Shinji Matsumoto
CSP Corporation
Tokyo, Japan

肯亞 Kenya
○ Katindi Sivi Njonjo
Institute of Economic Affairs
Nairobi, Kenya

馬來西亞 Malaysia
○ Theva Nithy
Universiti Sains Malaysia
Penang, Malaysia

墨西哥 Mexico
○ Concepción Olavarrieta
Nodo Mexicano. El Proyecto Del Milenio, A.C.
Mexico City, Mexico

蒙特內哥羅 Montenegro
○ Milan Maric Director of S&T Montenegro
Podgorica, Montenegro

紐西蘭 New Zealand
○ Wendy McGuinness
Sustainable Future Institute
Wellington, New Zealand

祕魯 Peru
○ Julio Paz
IPAE
Lima, Peru
○ Fernando Ortega
CONCYTEC
Lima, Peru

羅馬尼亞 Romania
○ Adrian Pop
National School of Political Studies and Public Administration Faculty of Political Sciences
Bucharest, Romania

俄羅斯 Russia
○ Nadezhda Gaponenko
Russian Institute for Economy, Policy and Law
Moscow, Russia

塞爾維亞 Serbia
○ Miodrag Ivkoviá
Serbian Association for Information Society
Belgrade, Serbia

南非 South Africa
- Geci Karuri-Sebina
  Ministry of the Treasury
  Pretoria, South Africa

東南歐 Southeast Europe
- Blaz Golob
  Centre for e-Governance
  Development for South East Europe
  Ljubljana, Slovenia

韓國 South Korea
- Youngsook Park
  Seoul, South Korea

西班牙 Spain
- IbonZugasti
  PROSPEKTIKER, S.A.
  Donostia-San Sebastian, Spain

土耳其 Turkey
- Ufuk Tarhan
  All Futurists Association
  Istanbul, Turkey

阿拉伯聯合大公國 United Arab Emirates
- Hind Almualla
  Knowledge and Human
  Development Authority
  Dubai, UAE

英國 United Kingdom
- Martin Rhisiart
  Centre for Research in Futures &
  Innovation
  Wales, Pontypridd, United
  Kingdom

美國 USA
- John J. Gottsman
  Clarity Group
  Silicon Valley, Palo Alto CA, USA

委內瑞拉 Venezuela
- José Cordeiro
  Sociedad Mundial del Futuro
  Venezuela
  Caracas, Venezuela

藝術 / 媒體節點 Arts/Media-Node
- Kate McCallum
  c3： Center for Conscious
  Creativity
  Los Angeles, California
- Joonmo 킬로와트 on
  Fourthirtythree Inc.
  Seoul, South Korea

網路節點 Experimental Cyber-Node
- Frank Catanzaro
  Arcturus Research & Design Group
  Maui, Hawaii

推薦序
讓我們以積極的態度面對未來

謝邦昌／天主教輔仁大學 學術講座教授、
輔大 AI 人工智慧發展中心主任、輔大商學研究所博士班 教授、
台灣人工智慧發展學會(TIAI)理事長、中華市場研究協會(CMRS)
榮譽理事長、中華資料採礦協會(CDMS)榮譽理事長

在當前快速變遷的時代，未來的挑戰與機遇正以前所未有的速度向我們襲來。《2025－2035 世界未來報告書》由朴英淑與傑羅姆・格倫共同撰寫，這本書不僅基於深刻的洞察力和豐富的數據，呈現出未來十年的可能藍圖，更以行動指南的方式，指引我們應如何面對並應對未來的各種挑戰。

本書共分為三大部分，深入探討氣候危機、人工智慧（AI）與未來技術的發展。第一部分聚焦全球暖化的緊迫問題，強調氣候變遷不僅是環境領域的挑戰，更是每一個產業都必須直面的重大課題，並在看似無解的困境中尋找突破之道。第二部分深入分析 AI 的現狀與未來，尤其是生成式 AI 在短短兩年間的快速發展，揭示了科技如何徹底改變我們的生活與工作方式。第三部分則探討一系列未來技術的發展趨勢，包括機器人技術的突破、AI 在醫療領域的創新應用，乃至日常生活中的種種革命性變革。

此外，書中還包含了「千禧年計畫」的相關討論，提出了關於通用人工智慧（AGI）全球治理的未來願景，為科技倫理與政策的發展提供了珍貴的參考。

　　這本書的價值，在於它不僅讓我們看清未來可能面臨的挑戰，更啟發我們如何以積極的態度應對這些挑戰。無論是對科技、環境，還是社會發展感興趣的讀者，都能從中獲得啟發與深刻思考。我希望每一位讀者都能在這本書中找到屬於自己的答案，並為未來的世界貢獻力量。

前言
氣候危機不僅是環境問題，
而是所有產業面臨的問題

　　地球擁有近 46 億年的歷史，但人類直到 20 萬年前才出現。從那時起至今，人類一路只顧著向前衝。從發展出農業、發起工業革命、經歷資訊革命至今，人類不斷創造著更美好舒適的生活並延長壽命。而相對較新的技術人工智慧（Artificial Intelligence，AI）則讓我們能夠想像更加便利的未來。

　　一路只顧著向前衝的這 20 萬年來，有哪些東西被我們拋在了腦後呢？我們從未回過頭，所以無法正確掌握人類生活的軌跡帶來了哪些結果；又或者我們知道，但因為忙著向前衝，而無視了這些結果。

　　我們正面臨著非常巨大的危機和機會。氣候變遷是當前最緊急重大的危機，是我們只顧著向前衝時引起的危機。過去，我們總認為氣候變遷只是專家和環保人士主張的虛無縹緲又遙遠的危機。「氣候變遷」這個詞聽起來感覺跟「季節變化」很像，因此人們並沒有危機感。不過，在 2019 年，英國著名日報《衛報》（Guardian）決定以「氣候危機」和「氣候緊急狀態」

取代「氣候變遷」一詞。而到了今天，我們都能切身感受到「氣候緊急狀態」。當我們還在袖手旁觀時，「氣候緊急狀態」已成了無須出遠門、只要打開窗戶就能感受到的現實。每年都在創新高的氣溫，延燒 5 個月未撲滅、吞噬自然和生態系統的山火、同時出現 3 個颶風、淹沒城市的暴雨……這些不是百年來第一次發生，就是自觀測以來頭一次出現，甚至是人類歷史上前所未有的事情。

全球暖化導致地球正在受苦。世界權威科學期刊《自然》（Nature）上的一項研究指出，盡快減少溫室氣體排放量，對避免 21 世紀中期以後更具破壞性的經濟影響極為重要。甚至有令人絕望的研究指出，無論人類再怎麼積極減少碳排放量，至今為止排放到大氣中的二氧化碳引起的氣候變遷，依然有可能導致 2050 年的全球國內生產毛額（Gross Domestic Product，GDP）減少五分之一。

但我們還有一絲希望。雖然我們現在還沒有找到答案，但未來將能利用更強大的 AI 找出解答。我們正活在第四次科技革命時代。繼前面提到的農業、工業、資訊時代之後，隨著以 AI 為主導的量子運算和區塊鏈快速發展，智慧時代（Intelligent Era，也就是 AI 時代）已經來臨，一切都在發生改變。

AI 在 70 年前問世，現在因為 ChatGPT 而成了眾所皆知、全世界都在使用的工具。據說，擁有 60 年歷史的類人型機器人將在幾年內內建 ChatGPT，而研發了約 40 年的量子電腦，

最快會在 18 個月內開發完畢。其中，最令人感到興奮又害怕的，正是 AI 的快速發展。

　　AI 正在對醫療、農業、製造業、金融業等許多產業進行創新，並在提高診斷準確性、作物產量和供應鏈效率方面取得了巨大成果。有人預測，如果由 AI 主導教育，那全世界都將從 AI 學到一樣的東西、得到相同的答案，進而發展出一個單一國度。也就是說，隨著國家和民族之間的衝突和戰爭消失，全世界將能朝同一個目標前進。屆時，我們將能透過全人類的努力和新技術的力量，找到方法來解決氣候緊急狀態這個難題。

　　但前往這個目的地的道路並非一路平坦。此刻，各國為了引領未來將重組世界的 AI 技術而展開激烈的競爭。競爭越激烈，就會消耗越多能源，使得全球暖化加劇。2023 年，Google 因為碳排放量較前一年增加了 13％，而被批為「氣候惡棍」（Climate Villain）。實際上，不僅是 Google，幾乎所有 AI 相關企業都走上了相同的道路。除了有碳排放量問題之外，還有演算法偏見和錯誤資訊擴散的風險。如果系統缺乏平等性和包容性，社會分裂會因此加劇。而隨著 AI 快速發展，AI 變得能自行運作、脫離人類意圖並擁有自我意識的風險也正在增加。如果這種 AI 對人類採取敵對行為，人類可能會在一瞬間滅絕。

　　因此，目前有許多專家學者都一致表示必須在開發 AI 之前，建立治理機制來提供指引。過去四年來，千禧年計畫也要求聯合國進行 AI 治理，並提議建立一個與國際原子能總署

（International Atomic Energy Agency，IAEA）類似的聯合國組織。多虧有OpenAI的山姆・阿特曼（Sam Altman）等知名人士的支持，未來有可能成立名為「國際人工智慧總署」（International Artificial Intelligence Agency，IAIA）的組織。

只顧著向前衝的時代即將結束，人類必須開始共同思考永續發展問題。氣候危機是我們長久以來面臨的課題，我一直都想進一步探討，但一直以來大眾並沒有高度關注這個議題，而且也沒有可行的對策，所以才會拖到現在。如今，氣候危機已走到了不可逆轉之變化的盡頭，而且即將成為突破口的通用人工智慧（Artificial General Intelligence，AGI）有望問世，因此我認為必須探討這個主題了。

我們研究未來是為了更明智地度過現在。如果我們掌握現況，並使用正確的工具來制定策略，就能朝著我們想要的未來發展。現在，就是該這麼做的時候了。

目錄
Contents

推薦序　讓我們以積極的態度面對未來　　　　　　　　　008

前　言　氣候危機不僅是環境問題，而是所有產業面臨的問題　010

Future Issue　機器人 2050　　　　　　　　　　　　　019

PART 1　氣候緊急狀態

第 1 章　全球暖化已來到 99%

1　全球氣溫每年創新高的嚴重性　　　　　　　　　038
2　海平面上升，生物開始滅絕　　　　　　　　　　042
3　如果地球溫度上升 3°C，會發生什麼事？　　　　047
4　人類能生存的溫度極限是幾度？　　　　　　　　051
5　決定氣候變遷的 16 個關鍵臨界點　　　　　　　056
6　全球碳預算將在 2029 年耗盡　　　　　　　　　060
7　無望實現 2050 淨零排放目標　　　　　　　　　063
8　現在要阻止氣候變遷，是否為時已晚？　　　　　068

第 2 章　尋找 1% 的希望

1　追究該對氣候損害負責的人　　　　　　　　　　072
2　碳中和實踐現況　　　　　　　　　　　　　　　077
3　阻止氣候變遷的轉折點　　　　　　　　　　　　082
4　運用 AI 監測氣候變遷　　　　　　　　　　　　086

5	AI 是綠色能源的未來	092
6	再生能源使用量劇增的祕密	097
7	再生能源生產過剩和負價格問題	105
8	巨型電池發展現況	108
9	除了碳中和之外,還必須進行碳捕集和碳移除	113
10	電動車市場占有率逐漸達到 100%	121
11	碳密集型產業轉型	123
12	更多關於氣候變遷的資訊	127

PART 2　人工智慧

第 3 章　AI 正在成為現實

1	對 AI 和就業的擔憂與期待	136
2	對 AI 的投資熱度是否能持續下去?	142
3	不到兩年就浮出水面的問題	147
4	如果必須從開發 AI 和阻止氣候變遷中二選一,該怎麼辦?	154
5	AI 使犯罪也跟著進化	160
6	AI 立法的步伐	165
7	AGI 的發展速度超乎預料	174
8	AI 是否能擁有意識?	180

目錄
Contents

第 4 章　生成式 AI 大爆發的兩年

1　AI 在法律領域的發展：AI 會比人類更公正嗎？　186
2　AI 在教育領域的發展：教育的真正平均化　193
3　AI 在醫療領域的發展：診斷的速度與準確度改善　198
4　AI 在媒體領域的發展：好選擇與壞選擇　207
5　AI 在電影領域的發展：降低 90% 製作成本　212
6　AI 在資源領域的發展：開發無稀土磁鐵　217
7　AI 在健康領域的發展：智慧穿戴裝置進化　221
8　AI 在製造領域的發展：觀察數據的廣泛應用　225
9　AI 在航太領域的發展：人類探索火星的步伐加快　229

PART 3　未來備受矚目的技術

第 5 章　機器人技術的發展

1　人形機器人：繼智慧型手機之後受到矚目的創新　238
2　AI 主導的機器人革命　242
3　最適合機器人訓練的生成式 AI　248
4　打造人形機器人的核心技術　252
5　更像人類的人形機器人　258

第 6 章　AI 醫療革命

1	長壽逃逸速度期中檢查	264
2	揭開人體蛋白質的神祕面紗	268
3	防止與逆轉老化	272
4	治療身體的微型機器人	275
5	比傳統方式便宜且快一百倍的 AI 設計新藥	280
6	增強人體的外骨骼	285

第 7 章　日常生活中的革命性創新

1	超迴路列車實現極音速運輸	288
2	預計在 2025 年首次載客的垂直起降電動飛機	290
3	自駕車變得比人類駕駛更安全	294
4	能抵抗極端氣候的 3D 列印房屋	296
5	垂直農業的發展程度	300
6	太空飛行對人體的影響	303

附錄 1　千禧年計畫：
　　　　建立 AGI 全球治理第二階段（討論）　　　309

附錄 2　千禧年計畫：
　　　　建立 AGI 全球治理第三階段（模擬情境）　353

Future Issue
機器人 2050

前言

2050 年，機器人將滲透到人類生活的各個方面，不僅能從細胞層級修復人體，還能在地球靜止軌道、月球和火星上建造太空城市。因此，機器人的數量將變得比人類多。

科幻作品中常見的類人形機器人（Humanoid）只是機器人的其中一種形態。我們將機器人定義為「由電腦控制的機器」，其特徵包括能夠移動以及操作其他物體。

機器人今後將逐漸被 AI 管理。由於 AI 又分成狹義人工智慧（Artificial Narrow Intelligence，ANI）、通用人工智慧（AGI）和超級人工智慧（Artificial Super Intelligence，ASI），因此機器人也可以分成以下三種類型：ANI 機器人、AGI 機器人和 ASI 機器人。此外，機器人可以非常小，也可以非常大，因此活動範圍將小至人類體內，大至外太空。

我們目前正在使用的 ANI 將在汽車駕駛、臉部辨識、遊戲、癌症診斷等特定領域學習並超越人類的能力。AGI 雖然還未問世，但它未來會利用物聯網、感測器網路和所有公共資訊來解決新出現的問題。ASI 則是一種超越人類的理解和認識，能自行設定目標的高層級 AI。

到了 2050 年，ANI 機器人和 AGI 機器人不僅會大幅改善地球和外太空的生產力、安全及建成環境，還會解決少子化問題，並提供老年人幫助。AI 機器人學（AI Robotics）的飛速發展，

將幫助人類在 2050 年之前實現碳中和並消除貧窮。但就如史蒂芬‧霍金（Stephen Hawking）、伊隆‧馬斯克（Elon Musk）、比爾‧蓋茲（Bill Gates）和許多科幻作家警告的那樣，AI 機器人可能會威脅人類文明。為了讓 AGI 與人類共同創造健康的加乘效果並使其發展成 ASI，我們應該制定正確的初始條件。

朝「有意識的技術文明」和「自我實現型經濟」發展

就像我們的自律神經系統會管理我們的身體，賦予我們思考和開創人生的自由一樣，到了 2050 年，機器人和 AI 將會管理文明的物理媒介，賦予人類開創下一個時代的自由。

「有意識的技術」（Conscious-Technology）文明指隨著人類和機器結合成改造人，機器按人類意識行動，以及隨著 AI 被大量用於建成環境，人類與彷彿有生命的環境互動的未來情景。

在驅動文明的運輸、建築、農業、服務業等產業中，大部分的人類勞動力正在被機器人、AI、各種與物聯網和感測器網路連結的新技術取代。這並不會立刻引發大規模失業，人類將長期進行預測並分階段在「工作型經濟」中引入全民基本收入（Universal Basic Income，UBI），逐漸轉型為「自我實現型經濟」。新技術創造的財富將被課稅，而新技術還能降低成本，因此人類將能確保全民基本收入的財政來源。

除了機器人和 AI 之外,新技術還包含合成生物學、基因組學、量子運算、電腦科學、虛擬實境、擴增實境、奈米技術、原子層級的精密製造、物聯網、語意網（Semantic Web）、遠端臨場（Telepresence）、全息通訊（Holographic Communication）、智力放大（Intelligence Amplification）、集體智慧、區塊鏈、3D 和 4D 列印,以及這些技術之間產生的加乘效果。

到了 2050 年,機器人幾乎會無處不在,它會被用來打造大型機器人太空船,也會從奈米層級與 DNA 結合,創造出新的生物。AI 和機器人學將被用於製造和運輸領域,以運行人類的建成環境。就像人類的自律神經系統會解放人類的精神,使人類不再只是為了生存和繁衍活著一樣,AI 和機器人將解放人類的精神,使人類能思考未來、創造未來。

但與人類的自律神經系統不同的是,AI、機器人和物聯網不只會去維護構建好的環境,而是會不斷改善環境,並從太陽風暴、電磁脈衝、網路攻擊、電磁干擾等漏洞中保護自己。它們會預測與提供使用者想要的東西,並學習該如何根據使用者的反應進行改進。但這可能會導致快樂或幸福超載的問題。如果人類能在想要的時候以喜歡的方式獲得渴望的東西,那人類有可能會變成「幸福的傻瓜」。因此,我們必須要區分「預測人類想要的東西」和「預測人類需要的東西」這兩件事情。當 AI 機器人感測到使用者正在變成「幸福的傻瓜」時,它可能會去證明比起想要的東西,使用者有更多需要的東西。這時,我

們可能會再拋出新的問題：究竟是誰在對人類的人生負責？是人類，還是 AI 機器人？到底是誰擁有誰？

　　隨著材料科學不斷發展，機器人硬體將得到改進。比起持有機器人，有些人會選擇在需要的時候，租賃自己需要的機器人，將其用於必須完成的工作，這些人能降低因持有機器人而變成「傻瓜」的風險。

　　從人類勞動和知識到機器勞動和知識的歷史性轉變，將使人類不必再為了謀求生計或獲得認同和自尊感而找工作，人類社會將從「工作型經濟」轉型為「自我實現型經濟」。

　　隨著植入人體和衣服的奈米機器人，能夠與搭載於住宅和周圍環境的 AI 和機器人進行通訊，到了 2050 年，人類將體驗到作為意識和技術的連續體（Continuum）的生活。為了讓人類精神與機器的結合引領人類正向發展，我們必須得到更多的領悟。我們應該結合神祕主義者的生活態度和技術官僚（Technocrat，指憑藉著專業技術，在組織或社會的政策制定或決策方面，行使影響力的人）的工程知識。

　　對許多人來說，網路世界或元宇宙（Metaverse）與實體世界的界線將變得模糊或難以區分。人類將會像在呼吸一樣，非常自然地從實體世界切換到網路世界。有些機器人會變得和生物沒有兩樣，甚至讓我們忘了它是擁有智力的機器，而不是具有人類意識的細胞。到了 2050 年，區分技術和意識將變得毫無意義。我們現在是在跟機器說話，還是在跟生物說話？還有誰

會去在意這種事情呢？

日常生活中的機器人

就如同我們這一代無法想像沒有網路的生活，父母輩無法想像沒有電的生活一樣，到了 2050 年，年輕人將無法想像沒有機器人的生活。

到了 2050 年，電腦工程將發展到能讓所有人設計任何類型的機器人，並且會由機器人工廠生產，因此機器人的製造成本將會下降。人類還將能利用低廉的個人版機器人配件，設計和組裝玩具、伙伴機器人、甚至專屬於自己的「複製人」機器人，或是修理房子。人類屆時會為了什麼而最佳化 AI 機器人呢？這將不再是探究人生意義的哲學問題，而是一個與編程和選擇 AI 機器人相關的實用性問題。在不久後的將來，與機器人共存會變得很理所當然，就像現在的我們與智慧型手機共存一樣。

腦─機器人介面（Brain-Robot Interface）將成為一個新的成長產業。無論是高科技隱形眼鏡還是腦植入物，未來會先由人類思考，然後由機器人做出反應。由量子運算驅動的個人版量子運算安全系統將解決對大腦被駭的擔憂。人類的意識會影響 AI 機器人，機器人則會影響與物聯網連結的特定元素或其聯繫的

其他機器人，機器人與機器人之間還能發送警告、通知彼此該如何反應。這種人類、機器人和物聯網之間的流動，將作為一個意識和技術的連續體，自然順暢地進行。

另一方面，人類擔心 AGI 機器人和 ASI 機器人會超越人類。但伊隆‧馬斯克等人則認為「人類如果贏不過它們，那就該與它們共處」。為了將大腦和技術（機器人）整合成一個思考的連續體，馬斯克還成立了一家名為 Neuralink 的公司，並將神經織網（Neural Lace）植入了大腦。人類正在透過這種方式與軟體共同發展。到了 2050 年，人類將能遠距連結利用 Neuralink 或其他意識技術企業的神經織網增強大腦的機器人，人腦和機器人將能直接進行通訊。

透過技術增強的人類，可以在學習時直接將知識和技術上傳到大腦。也有些人希望能聽愛因斯坦機器人（可以是全息投影，也可以是真的機器人）教授狹義相對論，或是聽李奧納多‧達文西機器人解說〈維特魯威人〉和〈蒙娜麗莎〉。患有自閉症或其他社交溝通障礙的兒童對機器人比較有反應，因此他們將更容易適應社會。

一些 AGI 機器人將被用於獨立保護網路、國家公園等公共資源。而機器人的「忠誠度」將被編程為在不破壞資源的情況下確保人類能夠安全地使用。公共資源將永久「擁有」AGI 機器人，因此能同時保護大自然和機器人。

如果 AGI 機器人要求公民權，大部分的國家法院應該都會

裁定授予其該權力。那麼，AGI 機器人將能創辦自己的事業、經營醫院，甚至是營運全球研究聯盟。它們當然還會繳稅。到了 2050 年，企業將會任命 AGI 機器人擔任董事會成員、共同執行長，甚至是單一執行長，決策過程中不會有人類的參與。有些企業的董事會將沒有人類員工，只有 AI。這種分散式自治組織（Decentralized Autonomous Organization，DAO）將會在管理城市環境中的大量基礎設施時發揮關鍵作用。

隨著我們證明機器人能用比人類更快的速度處理複雜性，機器人將有可能被選為一個國家的總統。幾乎所有的領導人都會有其專用的 AI 機器人顧問。有些政治候選人還會與機器人建立合作伙伴關係。此外，在與其他候選人競爭時，機器人可能會被視為競爭優勢。未來應該還會有政治家炫耀「我的 AI 機器人比你的還聰明」。當然，如果 AI 機器人在 2050 年被選為一個國家的總統，那它將具有驚人的能力。AGI 機器人將能存取全球物聯網、該國家的所有公共資訊和機密資訊，並得到超乎我們想像的量子運算的支援。變化的速度正在加快，因此 2020 年至 2050 年的變化將遠大於 1990 年至 2020 年的變化。

2050 年，人類將會繼續思考該如何學會管理快樂超載的問題，也就是前面提到的「幸福的傻瓜」問題。人類將隨時都能得到自己想要的東西，因此人類會開始認真思考人生中真正重要的究竟是什麼。生與死有什麼區別？是只差在能否感受到快樂？又或者是名譽？還是財富？就算到了 2050 年，這些爭

論仍會持續下去。

　　此外，搭載了 Transformer 模型（該模型會學習人類話語的上下文和涵義）的 AI 機器人將會在各種時間被各式各樣的人用於各種用途。舉例來說，人們將會帶能辨識其他人是否說謊的機器人去開會。智慧型隱形眼鏡當然也會有這種功能，但與會機器人的存在感會抑制人們說謊。

　　具有量子影像處理功能的機器人比人類看得更清楚，因此能在廣泛的建築、製造和環境管理領域，更準確地感測環境的狀態。另外，由於到處都會有裝著攝影機和感測器的微型機器人，人類將不再有個人隱私。也因為如此，人類的偷竊行為和其他許多實體世界中的犯罪都會成為過去式。令人遺憾的是，這意味著犯罪正在不斷移動到網路空間和各種機器人學領域。

　　犯罪機器人有可能被用於偷竊、殺人、間諜、冒用身分、引誘、外包資訊戰和各種恐怖武器。人類還有可能為了不被偵測到犯罪行為，而使用搭載了電磁干擾器和其他隱蔽系統的奈米機器人。如果人類能在 2050 年之前進行以原子為單位的精密製造，那全世界的奈米機器人工廠將有能力非法生產仿冒品。小國則有可能會為了改變地緣政治現實，而將奈米機器人或微型機器人軍隊的生產外包出去。

　　在體育方面，機器人隊將在足球、棒球、網球、高爾夫球等所有競賽中擊敗人類隊。因此到了 2050 年，類人型機器人奧運會估計將比人類奧運會更有人氣。機器人奧運會中將出現

各種新項目,例如製造自己的複製品、攀登聖母峰、穿越大西洋、跳到月球隕石坑邊緣、登頂火星最高峰奧林帕斯山。

某些高科技機器人會超越國家或企業認同,找出與量子電腦網路進行通訊的方法,來參加機器人奧運會。機器人與量子電腦的通訊及 AGI 機器人之間的通訊,可能會使人類提前進入超越人類的理解和控制的全球 ASI 時代。如果沒有為 ANI 機器人和 AGI 機器人的轉型建立一個全球治理體系,妥善管理 AI 的初始條件,就會發生這種事情(見附錄)。如果不建立這種治理機制,量子 AGI 機器人和 ASI 機器人將會進化成人類無法理解的新物種,而且它們的智商會比人類想的高,行動也會比人類想的快。在科學時代之前,人類為了解釋無法理解的大自然的力量,而發展出了泛靈信仰,同樣地,人類可能會為了解釋無法理解的 ASI 機器人的行為,而成立新的宗教。

幾乎所有的機器人都會在 2050 年之前裝上能應對環境變化(例如晝夜交替、從陸地移動到海底或空中)的感測器。

永生機器人

總有一天,地球上會出現身體組成部分中技術的占比大於細胞的人類,我們稱其為改造人(Cyborg)。改造人將成為延長人類壽命的方法,而這個策略將使人類活得比預期的更長久。

奈米機器人將使用微型量子處理器，在我們的體內為我們管理健康，而外骨骼將能讓我們暫時變成改造人。

　　AI 分身機器人是另一個能大幅延長壽命的方法。數位孿生（Digital Twin）將活在人類的「複製人」機器人中，使人類能永遠與後代一起活下去。這種 AI 分身機器人會是一種永生的狀態。此外，想留在地球的人將能選擇讓自己的 AI 分身機器人代替自己去火星。未來，火星上的 AI 分身機器人可能會變得比由細胞組成的真人多。

　　AI 將會處理一個人的人生數據庫後，將其植入機器人中。我們可以利用這個數據庫製造自己的複製人，讓它在自己死後與心愛的人一起生活。而隨著材料科學不斷發展，這種複製人會變得越來越像有血有肉的真人。此外，人類還會製造蘇格拉底、愛因斯坦等歷史人物的複製人，我們將能在博物館與這些「活生生的」歷史人物相見。

海底和海上機器人

　　未來，人類可能會把機器人當作居住地。巨型機器人會在海底、海上為人類提供居住地，並設有發電廠，讓人類能利用自然能源發電。此外，這個巨型機器人還會在海底進行水產養殖和深海採礦。

人類將住在由模組型機器人構成的迷你海洋城市，平時可以移動到社區附近認識鄰居，季節更替時則可以移動到其他迷你海洋城市度假。機器人農場和漁業將生產糧食供當地消費和出口。社區使用的風能和太陽能也一樣，人類將透過陸上站或中繼衛星直接出口微波束能（Microwave Beam Energy）。這個海洋城市無論是在海上或在海底，都能建造居住地。

為了在海底開採銅、鈷、鎳、鋅和其他多金屬結核，必須要有自主機器人和由人類操縱的機器人。自主機器人會進行通訊，告訴我們哪個區域最適合開採。量子電腦將使機器人能完成複雜度極高的任務，例如辨識奈米大小的粒子，從而在測量和材料科學領域提高精度。此外，與在陸地開採礦山相比，在海底開採多金屬結核對環境造成的影響比較小。

太空機器人

機器人將帶人類登上火星、建立殖民地、製造氧氣和水，並發展農業。利用量子電腦管理的 3D 列印 ANI 機器人，會連結智慧型裝置網路，在月球和火星上建設人類的居住地並進行維護管理。

這些機器人將會在地球、月球和火星周圍建造太空太陽能衛星，在不排放溫室氣體和核廢料的情況下，把乾淨的能源運

輸到地球、月球和火星。一些建築機器人的機械手臂會非常精準快速地在外太空施工。

月球、火星和附近小行星的採礦業將使用具有X光、紅外線和一般廣視野裝置的自主機器人，發展成一個巨大的產業。再加上有旅遊業和地球軌道能源輸出業的加持，該產業將成長到足以償還地球投資額，火星殖民地將變得更獨立於地球。

另外，太空電梯將幫助人類以低成本進入外太空。順著纜繩上下移動的微型機器人，會持續監控太空電梯的奈米碳管纜繩。太空電梯會連接地球和地球靜止軌道，讓人類能以低於火箭的成本進入外太空。這種機器人太空電梯對環境造成的影響會比太空梭小很多。因此，太空軌道飯店會發展出一個能讓觀光客一邊安全地搭乘太空電梯，一邊欣賞夢幻美景的產業。

到了2050年代，作為一個能夠離開太陽系並適應太空的物種，人類將繼續進行機器人與人類結合的研究。

AGI機器人學的全球治理

讓我們回到2025年的地球。為了避免人類失去對未來的控制權，我們必須對自主機器人、AGI和物聯網的連結進行管制。未來將由有一部分與物聯網連結的AGI機器人運行自我實現型經濟。為了發展出有益於活在這種經濟體系之人類的有

意識的技術文明，會需要電機電子工程師學會（Institute of Electrical and Electronics Engineers，IEEE）、國際標準化組織（International Organization for Standardization，ISO）、聯合國公約和全球治理體系。

　　美國、中國、韓國、歐盟、俄羅斯的政府研究機構和跨國企業很有可能會開發出 AGI 機器人。各國正在激烈的競爭中互相監視，也知道如果不制定正確的初始條件，AGI 可能會發展成人類無法控制和理解的 ASI。AGI 很有可能會單獨出現在許多地方，但我們不能排除這些 AGI 機器人找到互動的方法，讓每個 AGI 變得更聰明，並合併成多個加速的 AGI，最終發展成全球 ASI 的可能性。此外，AGI 可能會互相爭鬥，而導致難以想像的悲劇發生。但這些 AGI 也有可能會為了創造和平繁榮的未來，而尋找合作方法。

　　因此，治理機制必須是一套全球化機制才能發揮效力。另外，必須要有一套複雜的回應式治理系統，才能跟得上 AGI 的學習速度、掌握使用量並懲罰濫用。就像美蘇兩國在冷戰時期就祕密軍備競賽管理進行談判，並想辦法避免失控導致核浩劫發生一樣，AGI 潛在強國應該為 ANI 機器人和 AGI 機器人的轉型建立一套全球治理機制。核武不會思考或自行進化，但 AGI 有類似於思考的能力和進化能力，因此能互相爭鬥甚至合作發展成 ASI。這也是建立全球治理機制如此重要的原因。

　　在人類首次使用原子彈後，國際原子能總署等國際治理機制花了 17 年才成功推動了核能的運用。而自人類首次發出全

球暖化警告後已經過了 50 年，人類還是沒有建立相關的全球治理機制。因此，如同前面所說的那樣，為了管理與物聯網連結的 ANI 機器人和 AGI 機器人的和平使用，人類應該從現在開始建立一套全球治理機制。我們越早行動，機器人的未來就越有可能變得明亮。

詳細內容請參閱本書最後的附錄〈千禧年計畫：建立 AGI 全球治理第二階段（討論）〉。

> **PART 1**
> **氣候緊急狀態**

　　直到不久之前，我們都認為全球暖化是遙遠的未來。但現在，我們逐漸感受到每年創歷史紀錄的熱浪和氣候變遷造成的損失，例如：生態系統遭到破壞、生物滅絕、海平面上升、大規模野火、颱風等。我們將集中探討氣候緊急狀態，而非單純的氣候變化。

　　我們將在第 1 章中確認最近的氣候相關紀錄，並透過專家們的意見了解目前的情況有多嚴重。我們還會探討為了守住最後一道防線，也就是 1.5℃升溫防線，目前有哪些計畫，從中尋找希望。

第 1 章

全球暖化已來到 99%

1
全球氣溫每年創新高的嚴重性

2023 年，世界各地發生了極端熱浪，氣溫上升的嚴重程度就此被顯露了出來。北美洲、歐洲、亞洲等多個地區出現了意想不到的高溫和熱浪，導致災情不斷。根據法國媒體《世界報》（Le Monde）一篇令人震驚的報導，2023 年法國有 5,000 多人死於熱浪。據統計，這是過去六十年來最高的死亡率。除了 2023 年 7 月氣溫超過 50°C、創下歷史最高氣溫的伊朗之外，阿富汗、中國、西班牙、阿爾及利亞、索馬利亞等國家也都有許多人死於熱浪。

另一方面，森林大火造成的損失也相當慘重。2023 年，加拿大和希臘的大規模山火，燒毀了數百萬公頃的土地。加拿大的山火特別嚴重，創下了歷史紀錄。發生在希臘首都雅典郊區的山火，雖然影響範圍較小，仍然造成重大損失。

這種熱浪並不是只有在 2023 年發生的異常現象。近幾年來，全球各地氣溫正在越來越頻繁地創下歷史新高，因此我們相當確定這屬於氣候變遷。有些國家的氣溫甚至超過了 50°C。據半島電視台報導，亞洲最高氣溫為 2017 年在伊朗觀測到的

54°C。歐洲最高氣溫則為2021年在義大利西西里島觀測到的48.8°C。而最寒冷的南極西摩島也在2020年以20.7°C創下了其最高氣溫。

專家們警告，這種極端熱浪和氣溫上升是全球暖化帶來的嚴重影響。

2023年的全球平均氣溫比20世紀高1.18°C，比工業化前高1.35°C。這個驚人的趨勢，幾乎接近科學家們多年來警告我們的1.5°C全球暖化臨界點。美國國家海洋暨大氣總署（National Oceanic and Atmospheric Administration，NOAA）的數據顯示，過去數十年的全球暖化速度遠快於自20世紀以來的平均速度。與前工業時代（1850～1900年）相比，地球表面平均溫度約上升了1°C。這也許看起來沒什麼，但累積起來就會發現總熱量顯著增加。這些多餘的熱量會為全球帶來更嚴重的極端氣溫，導致雪和冰川融化、降雨量增加、動植物生態系統發生變化等各種後果。

過了最糟糕的2023年，卻迎來更糟糕的2024年

2024年，歐盟的氣候變遷監測機構哥白尼氣候變遷服務中心（Copernicus Climate Change Service，C3S）表示，當年6月至8月的平均氣溫為16.8°C，比2023年高0.03°C。隨著異常高溫持續，

2024 年的全球平均氣溫很有可能會比去年高，並再次創下歷史紀錄。[1]

哥白尼氣候變遷服務中心認為，南極的異常高溫是造成本次歷史性高溫的主要原因。據觀測，南極大部分地區的氣溫都遠高於平均。此外，隨著南極海冰面積縮小到創歷史新低，南冰洋部分地區的海水溫度大幅升高。

專家們擔心，地球已經過了氣候變遷的臨界點（Tipping Point，快速且不可逆變化的閾值），而且情況只會變得更糟。牛津大學的氣候科學家尼古拉斯・利奇（Nicholas Leach）提出了警告：「全球暖化將導致豪雨、熱浪等極端天氣現象發生得更頻繁。」

哥白尼氣候變遷服務中心的理事卡洛・布翁坦波（Carlo Buontempo）強調了問題的嚴重性，他表示：「我們現在正處於一個真正未知的領域。隨著氣候不斷變暖，我們勢必會在未來幾個月或幾年內看到新的紀錄被打破。」

根據《衛報》報導，氣候研究人員提出的海洋極端高溫警告，早在 2014 年就過了「不可逆轉的臨界點」。也就是說，我們正活在不可逆轉的氣候災難中。

研究人員分析了 1920 年至 2019 年的氣溫數據，結果發現 2015 年的氣溫創下了 50 年來新高。我們稱其為「不可逆轉的臨界點」。研究團隊在論文中指出「全球海洋在 2014 年首

---

[1] 編注：根據哥白尼氣候變遷服務中心 2025 年 1 月的資料，2024 年的全球平均氣溫已創下歷史新高紀錄。

次超過極端高溫閾值的 50％，並創下了歷史紀錄，南大西洋（1998 年）和印度洋（2007 年）海域則更早超過了這個門檻」。

這種變化正在威脅著美國和加拿大東北部海岸的龍蝦、扇貝等物種。光是阿拉斯加就有 14 個漁場宣布其陷入了國家級災難。

聖湯瑪斯大學的約翰・亞伯拉罕（John Abraham）教授表示，海洋對理解氣候變遷非常重要。因為海洋覆蓋了地球表面的 70％左右，並且會吸收全球暖化熱量的 90％以上。

聯合國祕書長安東尼歐・古特瑞斯（António Guterres）呼籲，富裕國家應該訂定 2040 淨零排放目標，開發中國家也應該努力在 2050 年之前實現淨零排放。這比原先的目標提前了 10 年左右。古特瑞斯表示，如果 2035 年之前地球氣溫上升 1.5°C 以上，可怕的地獄之門將會打開。他還警告：「如果未實現或拒絕實現這個目標，後果將不堪設想。」隨著熱浪和乾旱發生得越頻繁、持續得越久，全球缺水地區將會增加，大規模饑荒和傳染病也會快速增加。

除了淨零排放目標之外，聯合國還設定了另一個可行性更低的目標：富裕國家和貧窮國家必須分別在 2030 年和 2040 年之前停止使用煤炭。考慮到煤炭產業目前正掌控著全世界，這個目標似乎過於激進。但這有可能是最後一個能讓我們擺脫人類造成之氣候危機的方法。

2
海平面上升,生物開始滅絕

≡

有研究結果顯示,南極大陸上被稱為「末日冰川」（Doomsday Glacier）的思韋茨冰川（Thwaites Glacier）正在以超出科學家們預想的驚人速度融化。這意味著海平面上升帶來的威脅可能會變得更嚴重。

思韋茨冰川位於西部南極洲,面積達 19.2 萬平方公里,占南極冰蓋面積的 10%。如果它完全融化,海平面最多會上升 60 公分。這可能會為全球沿海城市帶來嚴重的災害。因為這是不可逆轉的災難,思韋茨冰川又被稱為「末日冰川」。此外,思韋茨冰川就如一座天然大壩,可以防止西部南極洲周圍的冰滑入海裡。如果這個大壩崩塌,海平面最多會上升 3 公尺。

由於要到達厚冰下方非常困難,科學家們過去很難準確預測冰川融化的速度。但是新開發的雷達數據顯示,溫暖高壓的海水正在滲透到數公里下的冰川底部,導致冰川融化速度加快。2024 年 5 月,研究團隊在《美國國家科學院院刊》（Proceedings of the National Academy of Sciences,PNAS）上發表了研究結果。該研究的共同作者、安大略省滑鐵盧大學冰川學教授克莉斯汀・道

（Christine Dow）表示「令人擔心的是，我們低估了冰川變化的速度」。

　　科學家們過去認為海水不可能滲透到冰川底部，但這項研究表明這件事此刻正在發生，而且冰川受到的影響遠大於預期。該研究結果證明，南極冰川正在加速融化，並且融化速度比科學家們預期的快很多。

　　為了更清楚地掌握冰川表面下正在發生什麼事情，研究人員利用 2023 年 3 月至 6 月收集到的衛星雷達數據，進行了高解析度的 X 光掃描。掃描結果顯示，隨著海水從下方流入與流出，冰川表面會上升或下降好幾公分。此外，隨著溫暖的海水流入冰川深處，海水會逐漸從下方融化思韋茨冰川。為了預測海平面會上升幾公分，以及冰川何時會完全崩塌，我們必須進行更多研究。

　　這個發現要求我們重新進行預測，並警告我們當前的環境可能會進一步縮短冰川的壽命。冰川融化的速度比預期快，不僅與全球海平面上升有關，還與氣候變遷有密切的關聯。因為它是一個清楚反映了全球暖化速度有多快的例子。

北極正在融化

　　位於北極的巨大天坑巴塔蓋卡坑（Batagaika）每年正在以 100

萬立方公尺的速度擴大，迅速吞噬著地球表面。1960 年代時，這個火山口還只是一條小溝，現在卻長約 1 公里，最寬處寬達 800 公尺。有研究團隊表示，這個天坑的擴張速度正在加快。

根據最近的研究表明，這是永凍層融化所引起的現象。永凍層中冰封著休眠了數千年的古代病毒，因此極地的環境變化成了一個嚴重的問題。2023 年，有報告表明科學家們喚醒了從北極永凍層中挖掘出來、約 4.85 萬年前的「殭屍病毒」。隨著巴塔蓋卡坑等天坑持續擴大，更多古代病毒被釋放出來的可能性正在增加。永凍層消失並不是一個充滿不確定性、用來嚇人的議題。專家們表示，如果永凍層分解或融化，硬如水泥的地面會變成爛泥，而無法支撐地表上的植物。隨著永凍層表面消融，能避免地面被太陽直射的樹木將會消失。這時，冰中的有機物會被分解並釋放碳到大氣中，進一步使全球暖化加劇。這最終會使永凍層陷入日益消融的惡性循環。

巴塔蓋卡坑是反映全球暖化嚴重程度的象徵性存在。永凍層中有大量被冰封了數千年的有機物。如果這些有機物融化，會釋放出溫室氣體甲烷，導致全球暖化進一步加劇。

海岸生物滅絕

海平面上升這個變化進行地相對緩慢且漸進，因此常被認

為是在遙遠的未來才會面臨的威脅，但其實災害正在發生。

佛羅里達的基拉戈樹仙人掌局部地區滅絕就是最具代表性的例子。這是美國首次因為海平面上升而有物種滅絕。加勒比海的幾個島嶼上（包含古巴北部和巴哈馬部分地區）仍棲息著這個植物，因此這個物種本身並沒有完全滅絕，而是局部地區滅絕。

2015 年，基拉戈樹仙人掌的減少速度開始加快。當年研究人員發現，基拉戈樹仙人掌僅剩 60 株活體，與 2013 年相比減少了 50％。2017 年，五級颶風艾瑪襲擊佛羅里達南部，引發了 1.5 公尺高的海嘯。基拉戈樹仙人掌棲息地最高僅海拔 4.5 公尺高，颶風過後島上大部分地區被洪水淹沒了好幾天。在那之後，研究團隊對災區的仙人掌族群做了分類，並試著進行了災後復原工作，例如清除掉落在仙人掌上的樹枝。

由於災情過於慘重，生物學家們不得不建兒童淡水池來拯救當地野生生物。但都還沒修復結束，2019 年漲潮期間就出現了大漲潮「國王潮汐」（King Tide），導致大部分低窪地區又被洪水淹沒了 3 個月以上。2021 年，仙人掌個體僅剩下 6 株。研究團隊判斷修復希望渺茫，因此將這些仙人掌轉移到了植物園，並另外保管了約 1,000 粒種子。研究團隊表示，他們與佛羅里達環境保護部共同制定了臨時計畫，決定在距離海岸線更遠的野外種植幾株仙人掌。

區域保育研究所執行董事、該研究論文的共同作者喬治‧

甘恩（George Gann）透過這個事例表示，我們正處於生物多樣性喪失的前線。他解釋道：「過去二十五年來，佛羅里達南部四分之一以上的原生植物物種，面臨了局部地區滅絕的危機，或由於失去棲息地、過度採集、外來入侵物種、其他環境退化原因而滅絕。」他還補充道：「佛羅里達南部已有 50 個物種滅絕，其中有 4 個物種屬於全球性滅絕。」

　　大多數的人都以為氣候變遷和海平面上升導致的局部滅絕只會影響我們的後代，但研究人員表示，這件事現在就在發生。在地球近 46 億年的歷史中，發生過五次大滅絕。現在，第六次大滅絕正在到來，而元凶正是人類。世界各國應該密切關注快速進行的氣候變遷，並緊急推動氣候變遷緩解措施，如減少碳排放量。思韋茨冰川並不僅僅是南極大陸的問題，它有可能會引發全球性災難。

3
如果地球溫度上升 3°C，會發生什麼事？

☰

　　就算今天是史上最炎熱的夏天，人們也還是會若無其事地想著只要開冷氣、在涼爽的地方度過這一天和這個夏天就行。正是因為如此，地球才會無法進入改善軌道。如果在這不斷持續的惡性循環中，地球升溫超過 3°C，現實世界中將會發生接下來描述的事情。

　　已經很炎熱的地區將變得更炎熱，最後變得無法住人。美國亞利桑那州、佛羅里達州、德克薩斯州、加利福尼亞州等氣溫本來就很高的地區，極端氣溫持續的天數將會增加，全年最高氣溫也會上升。死於極端高溫的人正在不斷增加，如果地球溫度持續上升，死亡人數很有可能進一步上升。而氣溫越高，颱風、熱浪、乾旱、龍捲風等自然災害就會變得越嚴重，發生得越頻繁。這些自然災害是全球暖化導致的氣候變遷的真實面貌。如果未來持續發生更具破壞性的自然災害，那將嚴重阻礙世界各國具備遏制全球暖化、阻止自然災害發生的經濟能力。因為城市、社區和開發中國家會將時間和資金投入災害復原重建工作，導致投入到對抗氣候變遷的時間、金錢和資源減少。

如果地球溫度上升 3°C，極地冰川和粒雪融化的速度會變得更快，導致海平面急劇上升。很多人會覺得如果海平面上升，大不了就搬到地勢較高的地方，但這個問題並沒有那麼簡單。邁阿密、阿姆斯特丹這兩座人口眾多的沿海城市，分別住著 300 多萬人和 80 多萬人。預計到了本世紀末，這兩座城市的平均氣溫會上升 3°C，並且可能完全被淹沒。華盛頓特區的國家廣場和紐奧良的地標等歷史地標也將面臨被淹沒的危險。

將出現無法住人的土地

　　除了會威脅人類的居住地之外，海平面上升還是導致颶風和颱風發生、帶來巨大災害的主要原因。也就是說，海平面上升造成的天然災害，會比全球暖化本身造成的災害更多。

　　此外，海平面上升還會導致已經匱乏的飲用水水源被汙染、種植糧食作物所需的灌溉系統亮紅燈、土壤侵蝕、洪水和土壤汙染。簡單地說，海平面上升將對農業產生巨大的負面影響，導致人類生存所需的作物遭到破壞。地球上的水只有 10％ 能飲用或用於灌溉。如果這個比例再變得更低，可能會對農作物生產造成巨大的衝擊，進而導致大規模人口陷入貧困。這很有可能會影響農村地區的居民，因為他們的生計取決於農作物的收成。如果這些人因為乾旱而不得不離開家鄉，那麼都市化

將會加劇，最後會陷入溫室氣體排放增加的惡性循環。

此外，野生動物也將受到海平面上升影響。魚類、藻類、植物將會因為海平面上升而失去家園，而失去平衡的生態系當然會繼續影響人類的生活。進入 2020 年代後，韓國海域開始出現藍圈章魚、越前水母、短尾真鯊等暖水生物，享受海水浴的人和海女受害的案例因此不斷增加，這些生物都是因為海水變熱、無法在原本的棲息地生存，才會逐漸向北遷移。這就是全球暖化的證據。

如果地球溫度上升，既沒有防禦能力又不知所以然的動植物將受到比人類更多的危害。一旦動植物滅絕，食物鏈就會崩潰，最終會為頂級掠食者人類帶來不可挽回的災難。

全球暖化不會只導致一個地區發生災害損失。如果地球溫度持續上升，全世界將會面臨意想不到的經濟危機。一旦開始發生巨大災害，世界各國將不得不投入巨額資金來阻止氣溫上升、扭轉全球暖化。屆時，最大的災害將集中發生在貧窮的開發中國家。由於沒有財政資源來應對全球暖化災害，這些國家將直接受到破壞性影響，例如饑荒、流離失所、死亡人數增加。屆時，已開發國家將無法繼續向開發中國家提供援助。因為已開發國家也會忙著把資金投入到全球暖化災害修復。

地球溫度上升 3°C 將對全世界造成災難性的影響。只要地球溫度持續上升，各地區發生的負面事件就會不斷相互影響，最後形成惡性循環。

個人、企業和國家能做的事

那麼，我們該如何阻止地球溫度上升 3°C？

我們雖然不清楚應該做些什麼，但其實有很多預防措施能降低地球溫度上升 3°C 的機率。最重要的措施是完全禁止使用或燃燒化石燃料的嚴格政策。溫室氣體排放是地球升溫的主要原因，因此尋找再生能源來減少碳排放量是最重要的課題。

企業應該帶頭應用碳捕集與封存（Carbon Capture & Storage，CCS）技術。這個創新技術會直接消除產業活動所產生的二氧化碳。如果全世界所有的企業都能在進行商業生產時配備碳捕集與封存系統，那全球氣溫上升 3°C 的可能性將會大幅降低。

個人的瑣碎習慣和行動也很重要。也許聽起來很老套，但減少消費塑膠、上下班時搭乘大眾運輸工具、隨手關燈、不使用電子產品時關掉電源這些瑣碎的習慣和行動持續累積，就會發揮很大的影響力。

4
人類能生存的溫度極限是幾度？

隨著氣候變遷使地球變得越來越熱，熱浪成了世界各國天氣報告中的常客。全球最熱的日子每年都在刷新紀錄，而世界上約 70％的勞動力，也就是約 24 億人正面臨著極端高溫的巨大風險。

全球暖化正在日益加劇，死亡人數也不斷在增加。但我們仍然缺乏應對高溫的專業建議，也沒有很好地研究該如何有效維持體溫。

2019 年，雪梨大學生理學家奧利・傑伊（Ollie Jay）設計了一個用來模擬未來熱浪的特殊空間。傑伊教授在這個耗時 18 個月完成的空間裡，測試人類在極端高溫中的生存極限。

這個空間是一個長 4 公尺、寬 5 公尺房間，研究人員可以每分鐘調高或調低 1°C（溫度範圍為 5°C～55°C）、控制風速，並使用紅外線燈模擬陽光。他們還可以微調濕度，而這個關鍵變數會影響熱對身體的影響。

實驗參與者可以在房間裡吃飯、睡覺、運動，研究人員則會透過艙口提供食物和其他物品。實驗參與者身上的感測器會

收集心率、呼吸、出汗和體溫等數據。

研究團隊使用數學模型定義了「濕球溫度」。在這個溫度下，年輕健康的人會在 6 個小時後死亡。濕球溫度是科學家們在研究熱壓力時使用的指標，指當濕度為 100％時人類能夠生存的最高溫度。

傑伊教授的實驗結果顯示，濕球溫度 35°C 為人類的生存極限。換句話說，如果在濕度 100％時氣溫達到 35°C，人體就會無法排汗而導致體溫不斷上升，並在 6 個小時後死亡。

許多公共衛生機構在進行夏季健康管理時，都採用了這項研究結果。傑伊教授表示，雖然這項實驗使用的基本物理模型有很多限制，但幾乎所有人都在使用這個模型。

2021 年，賓夕法尼亞州立大學的賴瑞・肯尼（Larry Kenney）教授表示，濕球溫度生存極限約為 31°C。研究團隊在各種溫度和濕度的組合下，追蹤年輕健康的人騎腳踏車時的核心體溫後，計算出了這個結果。

當濕度100％時氣溫達到35°C，
6個小時後會死亡

包括肯尼教授和傑伊教授的團隊在內，全球許多研究團隊都在研究人體會如何應對極端高溫。他們推算了不同年齡層在

陰涼處和陽光下的生存極限,也推算了休息和運動時的生存極限。這項考慮到各種情況的研究結果顯示,年輕人的濕球溫度生存極限為 26～34°C,老年人為 21～34°C。此外,暴露在陽光下時的生存極限比在陰涼處低,65 歲以上的人的生存極限比 18～40 歲的人低。

研究團隊還研究了開電風扇、濕潤皮膚(例如沖澡)來降低溫度的行為會如何影響老年人的心臟負擔。研究人員發現,如果在潮濕的環境開電風扇,到 38°C 都可以減少心臟負擔。但如果在乾燥高溫的環境開電風扇,心臟負擔會增加。此外,無論是在乾熱還是在濕熱的環境,濕潤皮膚皆對身體有幫助。從公共衛生的角度來看,在沒有冷氣的情況下,開電風扇、濕潤皮膚等一般的降溫方法效果最佳,對保護國民至關重要。

傑伊教授和其他進行這類研究的科學家的最終目標,是在高溫天氣越來越具攻擊性的世界中,保護人們的健康。

氣候傳染病蔓延

氣候變遷除了高溫這個直接影響因素,還會透過各種途徑增加人類健康的負擔。

例如傳染病、過敏性疾病等問題正在威脅人類的健康。這些氣候疾病的發生率、分布和嚴重程度,取決於氣溫、降

水量、濕度、極端天氣現象等氣候因素。首先，目前全球各地都有與空氣汙染相關的氣候疾病。這是因為空氣汙染物增加，空氣品質就會下降，而這會引發氣喘、過敏等呼吸道疾病。有研究結果顯示，長期暴露於懸浮微粒中，罹患自體免疫疾病的風險大約會增加10%。據說，空氣汙染嚴重的泰國，空汙相關疾病正在增加，2023年有1,000多萬名泰國人接受了醫院治療。

氣溫和降水模式發生變化會影響水質，而這可能導致水媒傳染病擴散。飲用水水源的水質或溶解度出現問題時，可能會引起霍亂、傷寒、腹瀉等疾病。

氣候危機還會影響精神疾病。最近甚至出現了「氣候憂鬱症」一詞。長期暴露於空氣汙染中可能會導致不安感加劇，熱帶夜現象（在韓國指夜間最低氣溫25°C以上）則可能會妨礙睡眠而使壓力變得更大。此外，如果親身經歷過森林大火、洪水等災害，可能會罹患創傷後壓力症。

隨著全球暖化導致氣溫上升，氣候疾病也在增加。登革熱、黃熱病、西尼羅熱、茲卡病毒、屈公病這些陌生的疾病都是蟲媒傳染病。蟲媒傳染病是熱帶及亞熱帶常見的疾病，過去在韓國非常少見。但由於氣候變遷，韓國已變得不再安全。因為隨著氣候變遷，氣溫上升，昆蟲數量會增加、發育時間會縮短。根據韓國疾病管理廳的發表，日本腦炎、瘧疾和恙蟲病的感染人數都呈現了增加趨勢。

2019年爆發，使全世界停止運作了三年，而且至今尚未結

束的傳染病新冠肺炎也是如此。新冠肺炎是人畜共通傳染病，人類和動物都有可能被傳染。氣候危機改變了野生動物的棲息環境，而隨著野生動物的棲息地被破壞，牠們身上的各種病毒變得有更多機會與人類接觸，進一步成了導致傳染病在全球流行的因素。

5
決定氣候變遷的 16 個關鍵臨界點

科學界數年來都一直致力於敲響氣候變遷的警鐘。因此，我們得以在全球領袖齊聚一堂的聯合國大會上，討論該如何阻止氣候變遷。然而，碳排放量並未顯著減少。我們已經到了可能會將這個世界推向不可逆轉之損失的臨界點邊緣。

氣候科學家和相關機構將「氣候臨界點」定義為「地球氣候系統的組成要素中，即便發生相對較小的變化，也會導致突然且不可逆轉的氣候變遷的要素」。2008 年，英國艾希特大學提姆・連頓（Timothy Lenton）教授的研究團隊提出了 9 個臨界點，而在進行各種研究後，臨界點增加到了 16 個。

該研究團隊將臨界點分成了會對整個地球產生重大影響的全球核心臨界點（9 個），以及相對會對某個區域造成嚴重結果的區域影響臨界點（7 個）。

全球臨界點包含格陵蘭冰原崩塌、西南極冰蓋崩塌、拉布拉多海副極地環流崩潰、東南極冰下盆地崩塌、北極冬季海冰崩塌、東南極冰蓋崩塌、亞馬遜雨林枯死、北方永凍層崩塌和大西洋經向翻轉環流崩潰。

區域影響臨界點包含低緯度珊瑚礁滅絕、北方永凍層急劇融化、巴倫支海海冰急劇流失、高山冰川流失、薩赫勒和西非季風地區綠化、北方針葉林南部枯死和北方針葉林向北擴張。

　　科學家們表示，在目前的升溫幅度下，格陵蘭冰原崩塌、西南極冰蓋崩塌、低緯度珊瑚礁滅絕、北方永凍層急劇融化、拉布拉多海副極地環流崩潰這五項可能會超過臨界點。如果溫度上升1.5°C，那其中四項超過臨界點的可能性將大幅上升。

　　特別令人擔憂的是，如果這些臨界點被觸發，全球暖化將會加劇，而這有可能會引發一連串的自我循環。這意味著就算我們什麼也沒做，地球溫度也會上升2°C以上。

冰川正在融化，海洋正在枯竭

　　2024年，最重要的地球氣候健康指標「北極夏季海冰面積」創下了史上最低紀錄。自1979年以來，夏季結束時的海冰面積每10年約減少了13％。這會引發骨牌效應。消融的海冰會使北冰洋表層海水變暖，導致區域暖化加劇。北極暖化會使格陵蘭冰原和永凍層融化，導致大規模氣候模式崩解、整個北半球的極端天氣增加。北極反射熱的能力也會發生變化，導致反射的熱減少。這個巨大又錯綜複雜的系統正警示著氣候危機已逼近不可逆轉的臨界點。

此外，這不僅僅是極地的問題。大堡礁是位於澳洲東北部海域、長 2,000 公里、世界最大的珊瑚礁群，也是各種生物的家園。但是，大堡礁近年來一直出現白化現象，這意味著海洋生態系統正在受到威脅。

　　珊瑚白化是當珊瑚受到壓力而排出共生於其組織內的藻類時發生的現象。由於藻類會為珊瑚提供鮮豔的顏色，如果沒有藻類，珊瑚就會裸露出白色的骨骼。可能會導致珊瑚白化的原因有環境干擾和水質下降造成的壓力，而最近會發生大規模的白化現象是因為海水溫度上升。如果海水溫度過高等壓力因素減少，珊瑚將能在相當長一段時間後恢復生機。

　　2024 年 7 月，聯合國教科文組織（United Nations Education Scientific and Cultural Organization，UNESCO）在確認過大堡礁的狀態後，決定不將其列入瀕危名單。對此，科學家們提出了反駁，並主張新的證據能夠證明大堡礁正處於危險之中。臥龍崗大學的班傑明·亨利（Benjamin Henley）博士主導的研究就提出了新的證據，證明海洋表面溫度上升對大堡礁產生了影響，而且這個影響還會持續下去。

　　亨利博士的研究團隊不僅比較分析了在該地區收集到的珊瑚數據與海洋表面溫度，還利用氣候模型模擬並分析了發生氣候變遷和沒發生氣候變遷時的海洋表面溫度。分析結果顯示，人類造成的氣候變遷是導致這個地區氣溫上升的原因。

　　他們還發現，最近的大規模白化事件，恰好發生在 400 年

來最熱的六個年份中的五個年份。2024年、2017年和2020年，大堡礁海域的海水溫度是400年來最高的三年，2016年、2004年和2022年則為第四到第六高的年份。

亨利博士警告，「如果不採取迅速、協調的全球行動來應對氣候變遷，我們將目睹地球上最美麗的自然奇觀之一消失」。他表示，研究的所有證據都清楚證明了這將在未來幾年不可避免地對珊瑚礁造成影響。

這份研究論文的第二作者、臥龍崗大學的海倫・麥格雷戈（Helen McGregor）教授表示，「這裡不可能有所謂的『如果』、『但是』或『也許』。過去四個世紀從未出現過最近發生白化現象時記錄到的海水溫度」。

我們毫無疑問面臨著氣候緊急狀態。但大眾可能很難想像，自己從未看過的極地冰層融化或海底珊瑚白化，會對這個世界、人類和生活產生什麼樣的影響。因此，我們必須先改變觀念。

不幸中的大幸是，雖然危機正在擴大，但我們解決危機的能力正在提升。我們必須改善對眼前危機的看法並付諸行動。AI、虛擬實境（Virtual Reality，VR）、擴增實境（Augmented Reality，AR）等新興技術有望成為強大的工具，幫助我們發現和解決面臨的挑戰。我們將能利用最頂尖的技術，開闢通往創新與協作的解決方案的道路，並創造永續發展的未來。

6
全球碳預算將在 2029 年耗盡

☰

　　若想讓地球不超過某個溫度，以阻止全球暖化造成的破壞性氣候變遷，就必須減少碳排放，也就是限制年碳排放量。我們將「碳預算」定義為「阻止氣候變遷的安全碳排放量」。但為了防止地球平均氣溫上升 1.5°C 而設定的碳預算，目前只剩下之前估算的一半，即不到 250Gt（Gigaton，10 億噸）。

　　2023 年，倫敦帝國學院研究團隊主導的一項研究表明，如果不大規模、快速地減少二氧化碳排放量，全球氣溫將有 50％ 的機率會在 2030 年之前上升 1.5°C。這項研究發表在《自然氣候變化》（Nature Climate Change）期刊上，對全球碳預算進行了全面分析。

　　2015 年，由 195 個國家通過的《巴黎協定》同意，把全球平均氣溫升幅控制在工業化前水準 2°C 以內，並努力將氣溫升幅限制在工業化前水準 1.5°C 以內。而碳預算通常被用於評估這些目標的進展。

　　但這項研究估計，有 50％ 的機會能將升溫幅度限制在 1.5°C 以內的碳預算，目前剩下不到 247Gt。這意味著如果保

持 2023 年的二氧化碳排放量（約每年 41Gt），碳預算將在 2029 年左右見底，溫度將變得比工業化之前高 1.5°C。此外，如果想將氣溫升幅控制在 2°C 以內，碳預算約為 1,220Gt，以目前的趨勢來看，碳預算可能會在 2040 年代後期耗盡。

倫敦帝國學院環境政策中心研究員、該研究論文的第一作者羅賓・蘭博爾（Robin Lamboll）博士表示，剩餘的碳預算非常少，以目前的情況來看，其覆蓋不到十年的排放量，這說明了減排並未取得實質性的進展。

世界各國領袖對氣候變遷幾乎沒有緊迫感。他們雖然一再承諾減排，卻不斷批准各種新的化石燃料計畫。美國拜登政府就批准了阿拉斯加的「柳樹計畫」（Willow Project），這個長達 30 年的計畫將在三處鑽探 200 口油井。英國前首相里希・蘇納克（Rishi Sunak）則宣布核准 100 多個新的石油和天然氣探勘計畫（包含最大的未開發油田開發案）而引發了爭議。澳洲也正在推進 100 多個新的化石燃料計畫。這可能會導致到了 2030 年碳排放總量增加 48 億噸。

但目前至少有太陽能發電、風力發電、電動車、巨型電池和其他潔淨技術的發展消息能為我們帶來希望。不過就算這些計畫成功，要阻止地球升溫 1.5°C 甚至是 2°C，似乎為時已晚。全球暖化很可能比這些措施早一步帶來無法控制的災難。

地球擁有近 46 億年的歷史，但人類祖先直到 390 萬年前才出現，現代人類則是在 20 萬年前才出現。此後人口劇增到

了 80 億以上。人類建造了巨大的城市，並占據了陸地，甚至占據了天空和海洋。就算我們說人類成了生態系統中的頂級掠食者，甚至掌握著其他動物的生殺大權也不為過。諷刺的是，人類過於成功地征服了這個世界，以至於人類滅亡的速度正在加快。根據我們所做的選擇，未來的幾十年將有可能成為人類歷史上最重要的一個時期，甚至有可能讓人類走向滅亡。

7
無望實現 2050 淨零排放目標

☰

　　專家們表示，無論人類多積極減少碳排放量，到了 2050 年，已經排放到大氣中的二氧化碳引起的氣候變遷，都會導致全球 GDP 減少到 38 兆美元或 20 兆美元。2023 年，全球 GDP 約為 104 兆美元。根據科學期刊《自然》上的一項研究指出，盡快減少溫室氣體排放量，對避免 21 世紀中期以後更具破壞性的經濟影響極為重要。

　　這項研究表明，如果地球溫度變得比 19 世紀中葉高 2°C 以上，氣候變遷造成的經濟損失可能會每年增加數十兆美元，直到 2100 年。地球表面平均溫度已經上升了 1.2°C，這使得熱浪、乾旱、洪水和熱帶風暴變得更具破壞性。研究團隊表示，為實現 2015 年《巴黎協定》的主要目標「將全球平均氣溫升幅控制在工業化前水準 2°C 以內」所需的年投資額，僅為我們能避免之損失的極小部分。

　　應該投入多少資金來防止氣候變遷造成的損失，經濟學家們的看法各不相同。有人認為必須立即投資巨額，但也有人認為要等到社會變得更富裕、技術變得更發達，才會更有成本效

益。波茨坦氣候影響研究所的複雜性科學專家、該研究的第一作者馬克西米利安・科茨（Maximilian Kotz）表示，「在高排放情況下，如果把升溫幅度控制在 2°C 以內，地區的平均收入損失將可能從 60％ 降至 20％」。

這項研究還表明，許多已因為氣候災害而經濟萎靡的熱帶國家將遭受最嚴重的打擊。該研究所的資深科學家安德斯・勒弗曼（Anders Levermann）表示，「對氣候變遷責任最小的國家遭受的經濟損失，預計會比高收入國家多 60％、比高排放國家多 40％。此外，責任最小的國家會最沒有資源來適應這些損失」。

富裕國家也將無法避免收入損失。到了 2050 年，德國和美國的收入預計會減少 11％，法國則會減少 13％。除了年平均損失外，研究人員還研究了各年份的溫度變化和由此引起的極端天氣現象所造成的經濟影響。里奧妮・萬茲（Leonie Wenz）教授表示，「相較於只考慮年平均氣溫變化，將其他氣候變數也納入考量範圍時，年平均損失會再增加 50％ 左右」。

萬茲教授的同事表示，與 2020 年後沒有其他額外的氣候影響的情境相比，到了 2050 年，不可避免的損失將導致全球 GDP 減少 17％。對此，格蘭瑟姆氣候變遷與環境研究所的政策總監鮑勃・沃德（Bob Ward）指出，這還不包含與海平面上升、熱帶氣旋增強、冰蓋不穩定、主要熱帶雨林減少相關的損失。

氣候危機將導致2050年
全球GDP減少五分之一

不幸中的大幸是，由於有各種氣候變遷嚴重性宣導活動和國際協定，再加上個人觀念正在改變，到了 2050 年，人類活動造成的全球二氧化碳排放量有望減少。這將成為在現代化、人口增加和技術發展導致近三個世紀以來空氣汙染不斷增加之後的歷史轉捩點。但我們可能無法實現目前各國際組織和協定設定的淨零排放目標。相關人士透露，2022 年全球電力中有 61.3％來自化石燃料，這個比例預計會在 2050 年時降至 30％，2070 年代時降為零。

大部分的減排量來自改用更潔淨的發電方式。隨著發電量劇增，太陽能發電的減排量超出了分析師們的預測。此外，陸上及海上風力發電計畫也發揮了主要作用。而水力發電、地熱能和其他再生能源則做了些許的貢獻。

儘管核電仍被視為普遍能源，但由於成本高、建造時間長，因此正在失去吸引力。近來，太陽能發電方面最重要的技術「電池」，很大程度解決了過去的基本負載和間歇性問題。因此，就算是發電量較低的時間，也能利用太陽能和風能提供低廉、穩定的電力。此外，隨著智慧電網（Smart Grid，供應端和需求端相互連結，能有效管理電力生產和消費的智慧型電網）被廣泛用於節能、能源效率高的家電、建築，乃至都市計畫，其將在減少整體能源

需求方面發揮重要的作用。

另一方面,電動車的市場占比將不斷擴大,並在不久後主宰全世界的道路。2021 年,為了減少占碳總排放量 25％的交通運輸排放量,歐盟通過了「2035 年起禁止銷售使用內燃機的新車(包含混合動力車)」的法案。這個措施將在不久後的未來成為全球趨勢。航空和貨運也在經歷類似的轉型。備受矚目的下一代大眾運輸工具「電動垂直起降飛行器」等短途航運很快就會改用電能和氫能,用於長途航運的生物燃料也正在開發當中。貨船也是如此。

鋼鐵、製造、化學等重工業也正在發生變化。鋼鐵業預計會從煤炭轉向氫基製程和再生能源。21 世紀初,全球碳排放量劇增,中國迅速崛起是其中一個原因。自 2006 年以來,中國的二氧化碳年排放量都超過了美國。但隨著國際社會對氣候變遷的擔憂加劇,中國快速地從化石燃料轉向了未來的潔淨能源。中國一意識到國際社會氛圍及低碳和無碳技術的必要性,便迅速推行了相關政策。

中國曾為全球暖化的最大元凶,但應該很快就會成為潔淨能源領域的領頭羊。2020 年,中國的風電和太陽能發電總裝置量達到了 536GW,比歐盟和美國的總裝置量還多。2023 年,中國的潔淨能源年裝機率增加到了七大工業國組織(G7)總和的四倍以上。中國的目標是在 2030 年之前實現碳達峰[2],並在

---

2 編注:碳達峰,指碳排放量達到最高峰值後逐漸下降的過程。

2060 年之前實現碳中和。

　　儘管做出了這些努力,我們仍然無望在 2050 年之前成功阻止地球溫度上升。專家們認為,雖然人類進行了重大改進,但若要將二氧化碳增加量保持在安全水平,就必須更快地部署潔淨技術。

8
現在要阻止氣候變遷,是否為時已晚?

☰

人類自工業革命後,以驚人的速度消耗了化石燃料。這導致大氣中的碳排放量劇增,進而引發了全球暖化這個嚴重的問題。科學家們已經得出了「人類活動對地球氣候產生了巨大影響」這樣的結論。全球暖化是現在進行式,即便我們立刻停止碳排放,氣溫也不會下降,頂多只是上升速度在幾年內放緩,並且維持氣溫穩定,地球仍會在未來數個世紀保持高溫。

也就是說,我們採取的行動和其帶來的影響之間,存在著時間差。幸好,這個差距不到 10 年,如果我們馬上行動,那將能減少未來的損失。

根據一項最新的研究顯示,如果我們不積極採取減排措施,地球溫度會在 2100 年上升 2.5 ～ 4.5°C。這將對全球造成致命性的影響,如極端乾旱、洪水、海平面上升和糧食短缺。

若要避免氣候變遷帶來最糟的結果,並且減少其造成的影響,我們必須立即採取行動。這個行動應該朝兩個方向前進:一是側重於減少溫室氣體排放,二是積極應對已經發生的氣候變遷造成的影響。

為了減少溫室氣體排放，我們應該以再生能源取代化石燃料，並提高能源效率。我們還應該減少砍伐森林，進行山林復育來保護森林，並開發潔淨技術。

　　此外，我們還需要制定戰略來適應已經發生的氣候變遷。這裡包括制定都市計畫、重組農業系統、改善水資源管理、建立海平面上升防禦系統，將氣候變遷造成的損失降到最低。我們還應該為豪雨、熱浪、野火等極端天氣現象做好準備，其中支援氣候變遷脆弱地區的居民尤為重要。

　　儘管我們無法挽回已經發生的全球暖化，但如果能縮小未來的升溫幅度，那不可逆轉的全球暖化所造成的損失程度將會下降。

第 2 章

尋找 1%的希望

1
追究該對氣候損害負責的人

≡

大氣中的溫室氣體正在使地球變得更暖,從科學的角度來看,這無庸置疑。根據具有法律約束力的《巴黎協定》,各國同意把全球平均氣溫升幅控制在工業化前水準 2°C 以內,並努力限制在 1.5°C 以內。然而,隨著排放量持續增加,地球溫度上升幅度應該會超過這個閾值。

對於這樣的警告被忽視,許多科學家和研究團隊都感到很挫折。但還是有人沒有放棄。根據格蘭瑟姆氣候變遷與環境研究所於 2024 年 6 月發表的報告,截至 2023 年底,全球共有 2,666 起氣候訴訟案。原告大多是個人或非政府組織,他們想讓政府和企業對其氣候承諾負責。

在這些訴訟案中,有些案件已結案,有些則是具有開創性的案例。例如,2024 年 5 月,德國和英國法院皆裁定,其政府政策將無法達到法律規定的減排目標。然而格蘭瑟姆的數據顯示,大部分索賠的人都沒有得到正面結果,因為很多氣候訴訟案都遇到了程序和過程冗長複雜的問題,而且有的被告公司會提起反訴、對氣候法律提出異議。

2023年9月，加州對BP、雪佛龍（Chevron）、埃克森美孚（Exxonmobil）等全球五大石油公司提起訴訟，要求這些公司為其對環境、加州居民健康和生計造成的影響付出成本，並幫助加州免受氣候變遷在未來幾年造成的損害。

2024年8月29日，韓國憲法法院宣布了韓國首起氣候訴訟案的判決結果。這是亞洲國家首次宣判政府違憲。韓國憲法法院裁定，韓國政府沒有為2030年至2050年的碳中和目標設定量化標準，因此無法保障溫室氣體減排的實效性，這是將負擔轉嫁給未來世代，因此政府違反了保護國民的義務。

這類呼聲越大，越有助於保護地球免受氣候變遷影響。在這種趨勢下，世界最高法院的介入可能會改變遊戲規則。2023年，聯合國就曾請位於荷蘭海牙的聯合國主要司法機關國際法院，就兩個問題提供諮詢意見。一個是：根據國際法，各國有哪些義務來保護氣候系統和環境免受人為溫室氣體排放的影響？另一個則是：當國家的作為和不作為對氣候系統造成損害時，國家會受到哪些法律制裁？國際法院已於2024年12月2日舉行公開聽證會，預計於今年宣布裁決結果。

到國際法院追究氣候變遷的責任

從地球目前的狀態來看，我們必須立即採取行動。世界自

然基金會（World Wide Fund for Nature，WWF）主席阿迪爾・納詹姆（Adil Najam）表示，我們無須再使用複雜的模型來解釋氣候變遷，只要看向窗外就能親眼目睹這件事。

碳排放量正在持續增加。2024 年的夏季是有紀錄以來最熱的夏季。哥白尼氣候變遷服務中心宣布，全球氣溫連續 15 個月創下了歷史新高。此外，有調查顯示，2024 年 7 月的氣溫比工業化前高出了 1.48°C。極端天氣、熱浪、森林大火、洪水、乾旱和暴風正在各大洲威脅著人類的生命和財產，並帶給大自然無法負荷的壓力。

這不僅僅是人類面臨的問題。目前大約有 100 萬種動植物瀕臨滅絕，而且正在以人類歷史上從未有過的速度消失。根據世界自然基金會的《地球生命力報告 2022》（Living Planet Report 2022），海水溫度上升已經使地球失去了一半的珊瑚礁，如果溫度上升 2°C，最多將導致 99％的珊瑚礁消失。

在這樣的危機中，國際法院的強烈意見有望加強國際氣候政策結構。法院的意見能為尋求法律途徑來實現環境正義的人提供力量，並放大數百萬名科學家和公民要求採取有力的行動來保護氣候和自然的呼聲。

檢視我們對氣候變遷的意識

我們必須記住，機會的大門就連此時此刻都在迅速地關上。眾人的呼聲正在成為實現人類永續發展的關鍵。現在，就讓我們來檢視一下自己對氣候變遷嚴重性的認知程度。

耶魯大學主持的氣候變遷溝通計畫（Yale Project on Climate Change Communication）將人們對氣候變遷的態度分成了六種類型。這裡就只簡單介紹一下。請各位想想看自己屬於哪種類型。

- **警覺型（Alarmed）**：這個群體認為氣候變遷正在發生，而且是人類活動造成了氣候變遷。他們支持採取有力的政治和社會行動，但大部分的人並不清楚自己或其他人能做哪些事來解決這個問題。
- **擔心型（Concerned）**：這個群體認為是人類造成了氣候變遷，並支持氣候政策。只不過擔心型的人認為氣候變遷帶來災難是遙遠未來的事情，因此會將採取氣候變遷應對措施的優先順序調低。
- **謹慎型（Cautious）**：這個群體還未對氣候變遷有明確的態度。他們會試著尋找氣候變遷是否已經發生、是否由人類造成、有多嚴重等問題的答案。
- **漠不關心型（Disengaged）**：這個群體幾乎不了解全球暖化，也沒有接觸到傳達全球暖化嚴重性的媒體。

- **懷疑型（Doubtful）**：這個群體認為氣候變遷不會發生，或認為就算發生氣候變遷也是正常循環的一部分。
- **忽視型（Dismissive）**：這個群體大部分的人都認為全球暖化是場騙局，完全感受不到任何威脅。

2008 年，耶魯大學首次以美國成年人為對象，進行了這項調查，並且延續至今。十年來，警覺型的人增加最多，從 2013 年的 15％ 增加到 2023 年的 28％，幾乎增加了一倍。謹慎型則從 26％ 減少到 15％，減少最多。在 2023 年的調查中，警覺型和擔心型總共占了 57％，反觀 2013 年僅占了 39％。由此可知，擔心氣候變遷的人正在大幅增加。

氣候科學家兼作家凱瑟琳・海霍（Katharine Hayhoe）表示，這是因為人們切身感受到了前所未有的洪水、大規模野火、極端熱浪等災害的威力，並直接意識到了氣候變遷的關係。此外，隨著氣候不斷演變，極端天氣現象發生的間隔正在縮短。美國國家海洋暨大氣總署的數據顯示，造成 10 億美元以上損失（經通膨調整）的極端天氣現象發生間隔有所縮短。1980 年代，美國發生這類現象的平均間隔為 75 天，2020 年代卻為 18 天。

就如耶魯大學的調查結果所示，許多人並不清楚個人該怎麼應對氣候變遷。海霍強調，提高呼聲讓其他人也意識到情況緊急最為重要。

2
碳中和實踐現況

根據國際移民組織（International Organization for Migration，IOM）發表的資料顯示，由於海平面上升、沙漠面積擴大，到2050年左右，氣候難民將超過12億人。另外，2021年韓國海洋水產部發表的資料顯示，2030年左右，韓國約5％的土地將被海水淹沒，導致大量人口不得不永遠離開原本的住處。

當然，預測未來並不代表我們就得無條件接受。如今，世界各國正在為減少溫室氣體做出各種嘗試。碳排放交易機制就是最具代表性的一個例子。碳排放交易機制指的是一種由各國政府設定造成全球暖化的六大溫室氣體的排放配額，並允許買賣排放權的機制。在這些溫室氣體中二氧化碳占比最大，因此排放權又被稱為碳排放權。

1997年12月在《聯合國氣候變化綱要公約》（UN Framework Convention on Climate Change，UNFCCC）會議上制定的《京都議定書》，規定締約國應減少溫室氣體排放，並建立了碳排放權交易機制。各國政府會在設定好碳排放量後，將排放配額分配給企業。碳排放量超過排放配額的企業，必須向開發出節能技術、成功

減少碳排的企業購買配額，以解決這個問題。也就是說，排放配額就像股票一樣能進行交易。歐盟是全球碳排放權交易最活躍的市場。2015 年，韓國啟動了碳排放權交易機制，由韓國交易所開設和營運韓國的碳交易市場。

如果在沒有排放配額的情況下使用來自煤炭、石油、天然氣等化石燃料的能源，就必須繳納碳稅。碳稅會導致含有大量二氧化碳的化石燃料價格上漲，因此其具有抑制使用化石燃料，促進企業開發再生能源來替代化石燃料，從而間接抑制二氧化碳排放量的效果。

跨國企業的氣候變遷應對現況

全球暖化造成了氣候變遷。對此，企業無法置身事外，因為企業的碳排放量不是個人碳排可以相比的。隨著人們的環境意識增強，企業為了抵銷由此產生的負面影響，紛紛開始實行 ESG（Environmental, Social and Governance）管理。ESG 管理，顧名思義指企業會在經營管理時負起環境責任、社會責任和倫理責任。

更準確地說，ESG 管理指企業在經營管理時會考慮到影響企業價值和永續發展的三個非財務要素。大部分的大企業都會在盈利的過程中破壞自然環境，而環境責任指的就是企業會為此做出補償、不再破壞將留給後代的自然環境。

為了在變得更嚴格的碳中和社會中存活下來，大部分的跨國企業已在進行 ESG 管理。儘管如此，無論是汽車製造商還是快時尚品牌，有數十家主要跨國企業皆未能以減緩氣候變遷所需的速度減少溫室氣體排放量。

非營利調查機構新氣候研究所（NewClimate Institute）和碳市場觀察（Carbon Market Watch）曾對 51 家跨國企業的氣候承諾進行了調查。調查報告顯示，許多品牌誇大了自家企業的永續發展進度。該報告還指出，消費者很難區分實際減少排放溫室氣體的行為和未經證實的「漂綠」行為（Greenwashing，指欺騙性的環保運動）。

自 2022 年以來，這份報告每年都會更新。報告調查對象為 H&M 集團、雀巢、豐田汽車、富豪汽車、達能集團等知名品牌。2022 年，這些企業的碳排放量占了全球排放量的 16%。調查結果顯示，這些企業的努力「嚴重不足」，無法將地球升溫幅度限制在 1.5°C 以內。1.5°C 是 2015 年《巴黎協定》規定的氣候變遷臨界點。報告指出，大多數企業仍遠遠未達到整體經濟要求的減排目標。過去兩年，只有 19 家受調查企業的減排情況得到改善。

聯合國氣候科學家表示，2030 年全球碳排放量必須減少 43%，才能達到《巴黎協定》的目標。沃爾瑪、杜克能源、韓國電力、迅銷集團等企業僅承諾 2030 年會減少 5～20% 的溫室氣體總排放量，瑪氏食品、H&M、義大利國家電力公司、伊比德羅拉電力集團等其他企業則承諾會減少 50～64% 的排

放量。這些承諾平均會減少 33%的排放量。

　　這份報告還提到，越來越多企業要求透過使用碳排放權，在實現氣候目標方面保持「靈活性」。有些企業就選擇將資金投入到能抵銷碳排放量的計畫（例如森林保護計畫），而不是真的去減少碳排放量。評論家們表示，這些取巧的方法等同於允許企業繼續排放二氧化碳。

　　該報告評估了汽車、食品、農業、時尚和能源領域主要企業的氣候承諾誠實性和實現 1.5°C 目標的進展。然而，沒有任何一家企業獲得最高評級。位居首位的企業是義大利和西班牙的能源巨頭義大利國家電力公司和伊比德羅拉電力集團，獲得了「合理」評級。韓國能源公司韓國電力和日本汽車製造商豐田汽車得分最低。該報告指出，只有 4 家企業的減排計畫正在從承諾轉向實踐。

　　不過，仍有部分企業的積極努力得到了認可。例如，法國食品巨頭達能集團承諾，將「大幅」減少生產鮮奶時排放的甲烷量，並增加植物基產品的占比。義大利國家電力公司和伊比德羅拉電力集團已經增加了太陽能和風能等再生能源的產能，並表示能提前實現淨零排放。富豪汽車集團則因投資零排放汽車、充電基礎設施、低碳鋼和鋁，而受到了關注。

　　另一方面，時尚產業因實現目標的方法含糊不清，而受到了批評。H&M 集團、Nike、愛迪達、Zara、UNIQLO 這 5 個被分析的品牌中，沒有任何一個品牌計畫轉向減少產品生產和

銷售的商業模式。

聯合國淨零排放承諾高階專家小組的主席凱瑟琳・麥肯納（Catherine McKenna）給予正面評價表示，某些企業加強了氣候承諾，使通往淨零排放的道路變得更加清晰。但她也強調漸進主義必須消失。從國家層面來看，已經有四分之三的淨零排放目標被寫入了法律和政策，2023年預計有1.7兆美元被投入到了潔淨能源中，比化石燃料多65%。

經濟方面也在發生正向改變。公民的監督和抵制等購買行為會對以碳中和為目標的企業提供良好的動力。因此，我們不僅要養成透過個人行動來減少碳排放的習慣，還要隨時關注企業的ESG管理活動。

3
阻止氣候變遷的轉折點

人類已經使 83％的野生哺乳動物和半數的植物滅絕，並嚴重侵擾四分之三的非冰層土壤和三分之二的海洋環境。在未來幾十年內，將有 100 萬種生物瀕臨滅絕，這比過去一千萬年的平均速度快數十至數百倍。

世界經濟論壇（World Economic Forum，WEF）在《2020 年全球風險報告》（Global Risks Report 2020）中將生物多樣性喪失和生態系統崩潰列入了人類未來十年將面臨的五大威脅，並在《2024 年全球風險報告》中再次強調了這些威脅的重要性和嚴重性，表示這是全球所面臨最重要的課題。這些風險超越地理界線、產業領域和價值鏈，必須快速做出集體應對。

但要實現《巴黎協定》規定的目標，現階段應對氣候變遷的進展過於緩慢。我們或多或少都知道這一點。隨著熱浪襲擊美國、中東、歐洲等地區，我們提前體驗到當氣溫升幅超過 1.5°C 時世界將會變得怎麼樣。為了擺脫今後將面臨的困境，我們必須改變心態和策略。

尋找氣候行動的正面轉折點

想要實現《巴黎協定》的目標,將地球平均氣溫升幅控制在 2°C 以內,目前唯一的方法是找出能夠大幅加快氣候行動的正面轉折點,並將其觸發。目前的脫碳進展比目標慢了五倍以上。為了停止破壞自然,並復育維持生命的生態系統,我們必須加快行動。如果像現在這樣漸進式地做出改變,可能會迎來氣溫上升 2.5°C 或 3°C 的世界,導致數十億人暴露在致命的高溫高濕極端環境中。

但是,在已經大量排放溫室氣體的情況下推動並加速轉型並不容易。好消息是,我們能看到社會和技術方面出現了正面轉折點。有些國家大量轉向電動車、太陽能和風力發電,並大幅減少燃煤發電,就是代表性的例子。

這要歸功於強大且經過強化的回饋循環(Feedback Loop),其會透過實踐學習並反映規模經濟。回饋循環正在使環保技術的價格大幅下降、品質和可及性得到改善並在社會中擴散,提升人們的接受程度。

就像英國將燃煤發電量的占比從 40% 降到 0% 一樣,已迎來轉折點的國家和產業,早就實現了全球最高水準的脫碳。正面轉折點也開始擴散到整個市場。電動車電池等全球化產品只要其價格和品質在某個市場得到改善,就會立刻在全球擴散開來。因此,「禁止銷售內燃機汽車」這種始於某個市場、促進

創新的措施很快就會成為全球趨勢。

各個領域的正面轉折點已開始在互相強化。隨著電池變得越來越便宜，再生能源轉型正在加速。再生能源越便宜，持有電動車的成本就會越低，有助於運輸工具電動化。正如《突破效應》（The Breakthrough Effect）報告所示，占溫室氣體排放量四分之一的汽車會先迎來正面轉折點，接著是整個能源系統迎來轉折點，屆時我們將能消除四分之三的溫室氣體。

其餘四分之一的排放量是農業和土地使用造成的結果，主要來自飲食中對肉類的需求。家畜占用了全球80%的農地，但只為全球提供了17%的熱量和37%的蛋白質。其不僅會排放甲烷，還會因為需要砍伐森林而引發二氧化碳排放。

我們必須做出正面改變，減少飲食中的肉類攝取，並增加替代蛋白質的供應來源。隨著植物性肉類替代品越來越廣泛被食用，其正在經歷價格下降、品質提升的回饋循環。

改變飲食習慣是減少森林砍伐、復育土地、消除大氣中多餘的碳、引入更加永續發展的農業系統的重要途徑。

大自然也有自己的回饋循環，有的甚至相當強大並且會自我強化。這就是為什麼珊瑚礁和熱帶雨林等生態系統會成為轉折點。就算我們不直接砍伐大堡礁或亞馬遜雨林，只要全球暖化持續下去，大堡礁就會出現白化現象，亞馬遜雨林則會枯死。相反地，只要減少碳排放，就能讓「地球之肺」變強。

需要有將永續納入考量的新成長指標

　　學會如何正確利用自然的回饋循環，會對修復失衡的生態系統和建立永續發展的農業系統產生正面影響。但我們必須打破至今為止被我們視為成功指標的「成長」的狹隘定義。為了提升生活品質，企業追求短期利潤極大化，國家致力於維持 GDP 成長率。這些行為危害了我們的生命維持系統。現在的我們需要一個新的評價指標來取代這些指標。新指標將發揮槓桿作用，觸發減少碳排、保護環境等正面行動。

　　值得慶幸的是，很多企業、國家和各國領袖都了解新指標的重要性，並在積極創造轉折點。我們也必須積極參與其中，從日常生活到購買新產品，再到投票，應該養成「思考我們的行為會對未來產生什麼影響」的習慣。

4
運用 AI 監測氣候變遷

☰

　　AI 處理大量數據和協助人類決策的能力正在改變各行各業。AI 是世界經濟論壇在《2023 年十大新興技術》（Top 10 Emerging Technologies of 2023）報告中關注的主要技術。世界經濟論壇表示，生成式 AI 將被用於藥物設計、建築、工程等領域。

　　此外，AI 還有望解決氣候危機等全球課題。氣候變遷是全球面臨最艱鉅的挑戰，而 AI 能在應對方面發揮潛力。事實上，AI 已經在以各種方式，幫助人類應對氣候變遷，以下是代表性的九種方式：

1. 掌握冰山融化的位置和速度

　　AI 已經被訓練成能以比人類快一萬倍的速度測量冰山的變化。這將幫助科學家推算氣候變遷導致冰川加速融化時，會有多少水被釋放到海洋中。

　　英國里茲大學的科學家向歐洲太空總署（European Space Agency，ESA）報告，AI 只需要 0.01 秒就能在衛星影像中繪製出南極的巨型冰山分布圖。如果是由人類來繪製，將會需要很長的時

間,而且很難在白雲和海冰中辨識出冰山。

2. 監測森林砍伐情況

AI、衛星影像和生態學專業知識正在被用於繪製森林砍伐對氣候危機造成影響的地圖。總公司位於蘇格蘭的 Space Intelligence 目前正在 30 多個國家展開業務。該公司表示,其利用衛星數據在外太空繪製了 1 萬多平方公里的地圖。該公司的技術能遠距測量各種指標,如森林砍伐率和森林的碳儲存量。

3. 幫助面臨氣候危機的非洲社區

在非洲,聯合國的計畫正在使用 AI 幫助蒲隆地、查德、蘇丹等國家中最容易受氣候變遷影響的社區。此外,國際氣候倡議(International Climate Initiative,IKI)計畫也在使用 AI 技術預測天氣模式,幫助社區和當局規劃如何更好地適應氣候變遷並減輕可能受到的影響。這包括改善潔淨能源的可及性、建立妥善的廢棄物管理系統和鼓勵重新造林。

4. 提高廢棄物回收效率

美國國家環境保護局表示,廢棄物是甲烷的主要排放源,其溫室氣體排放量占全球的 16%。英國的軟體新創企業 Greyparrot 開發了一種會分析廢棄物處理及回收設施,幫助使用者回收、再利用更多廢棄物的 AI 系統。該公司表示,其在

2022 年追蹤了 67 個廢棄物類別、320 億件廢棄物，結果發現平均有 86 公噸的廢棄物可以回收，卻被送到了垃圾掩埋場。

5. 潔淨海洋

塑膠汙染會排放溫室氣體、破壞大自然，導致氣候變遷加速。非營利組織「海洋清理」(The Ocean Cleanup) 正在利用 AI 和其他技術消除海洋中的塑膠汙染。能感測物體的 AI 正在繪製偏遠地區的海洋廢棄物地圖。使用者可按照地圖回收、清除海洋廢棄物。這比過去使用拖網漁船和飛機的方法更有效。

6. 預測氣候災害

位於巴西聖保羅的公司 Sipremo 正在利用 AI 預測氣候災難發生的時間、地點及類型。這家公司的目標是幫助企業和政府能更好地應對氣候變遷和其帶給社區的災難。Sipremo 的業務範圍涵蓋保險、能源、物流、體育等產業領域，它能透過分析災情和空氣品質，來決定是否延期或暫停活動。

7. 篩選氣候變遷研究所需的數據

Google 旗下的 AI 企業 DeepMind 表示，其正在將 AI 應用於各個領域，以應對氣候變遷。這包括建立一個完整的資料集需求列表，以推進全球 AI 解決方案來阻止氣候變遷。DeepMind 正在與由學術界、業界志工組成的非營利組織

Climate Change AI 共同進行這項工作。該組織認為機器學習會在應對氣候變遷方面發揮關鍵作用。

8. 幫助產業界脫碳

工業部門的溫室氣體排放量約占全球的 30％，而 AI 正在被用來幫助金屬、採礦、石油、天然氣產業的企業實現脫碳。總公司設在美國加州的 Eugenie.ai 開發了一個排放量追蹤平臺，其結合了衛星影像及來自機器和製程的數據。AI 會分析這些數據，幫助企業追蹤並減少 20 ～ 30％ 的排放量。

9. 使用無人機在巴西山上重新造林

在巴西，AI 電腦與無人機正在沿海城市里約熱內盧周圍的山上重新造林。AI 會決定要播灑的種子數量和目標場所。該計畫於 2024 年 1 月啟動，希望在難以到達的地區播撒種子來培育樹木。當地政府表示，一架無人機每分鐘可播撒 180 個種子膠囊，這比由人類親自播種的傳統方式快一百倍。

AI檢查了1,500項減排政策的效果

除了提出新的方法來監測、阻止氣候變遷之外，AI 還能檢查現有方法是否高效。德國波茨坦氣候影響研究所就利用 AI

機器學習，分析了約 1,500 項氣候政策，並找到了實現大量減排的政策。這項發表於《科學》(Science) 期刊上的研究表明，結合多種工具的政策能比單一措施更有效地減少排放量。

研究結果顯示，有 35 個國家的 63 項干預措施平均減少了 19% 的碳排放量。大部分的減排政策都與兩項或多項政策有關。63 個政策總計減少了 0.6～1.8Gt 的二氧化碳排放量。

德國波茨坦氣候影響研究所研究員、這項論文的共同作者安妮卡・斯塔梅瑟 (Annika Stechemesser) 表示，使用正確的政策組合比盲目地制定大量政策重要。例如，英國逐步淘汰燃煤發電廠的政策之所以奏效，是因為英國同時建立了最低碳價等定價機制。而挪威的禁售燃油車政策在與價格激勵措施結合、降低電動車價格時，效果最顯著。

作為分析的一部分，斯塔梅瑟和同事使用了 1998 年至 2022 年全球 41 個國家（包括中國、美國和印度三大溫室氣體排放國）實施的 1,500 項氣候政策的資料庫。從排放權交易機制到化石燃料補貼改革，各國政策被分成了 48 類。

斯塔梅瑟表示，過去的評估側重於少數國家的幾項重大政策，忽略了其他數百項措施，因此並不準確。研究團隊結合機器學習和統計分析方法，找到了在建築、電力、工業、交通這四個高碳排領域中實現了大幅減排的政策，並將其結果與資料庫中的政策進行比較，評估哪些政策組合減少了最多排放量。

研究結果表明，某些政策在特定領域和經濟體中效果比較

顯著。例如，在減少發電相關碳排方面，能源稅等價格干預措施在高收入國家奏效，但在中低收入國家效果較差。

在建築領域，包含逐步減排或禁止溫室氣體排放活動的政策組合，其減排效果比單一政策高兩倍以上。

課稅是唯一一項在這四個領域中實施單一政策時，與實施組合政策時相比，減排效果相同或更好的策略。

這項氣候變遷研究使用的 AI 增強方法，使研究人員首次檢查了多個國家和領域的全球排放現狀，並對多項氣候政策的效果進行了評估。

這也提高了全世界研究人員的警惕。南京大學生態學家徐馳表示，「這項研究警示各國的氣候政策迄今為止並未取得顯著的效果。各國政府應重新評估現有政策並做出改變」。

聯合國指出，2030 年全球的年碳排放量預計會比為了將全球升溫幅度控制在較工業化前低 2°C 以內所需的量多 15Gt。

5
AI 是綠色能源的未來

☰

為了對抗氣候變遷,綠色能源必不可少。全世界必須減少用電量,並改用無害能源。世界各國已經在嘗試利用太陽光、風力、水力、潮汐、地熱等自然現象,以較環保的方式生產能源。儘管人類付出了長期的努力,卻還是沒能實現大規模能源轉型。不過,最近開始出現了突破口,快速發展的 AI 有望引發能源轉型。

專家們確認了 50 多個能源領域的 AI 應用案例。在許多案例中,AI 都對永續能源電力基礎設施的轉型帶來了幫助。讓我們來看看為什麼 AI 是綠色能源的未來,又能用於哪些地方。

智慧電網

太陽能板和風力發電機依賴於不斷發生變化的自然現象,因此並不是說接到訂單就一定能發電。此外,很多時候發電量高峰期不等於用電高峰期。例如,我們會在天色較暗的冬季早

晨或晚上使用較多電力,但太陽能板在黑暗中無法發電。相反地,雖然白天的發電量最高,我們使用的電量卻相對較少。因此,我們必須要能夠儲存生產的電力,並在用電量較高的時候拿出來使用。

智慧電網會利用各種數據技術來支援電力雙向流動,是能源領域中最受歡迎的 AI 應用領域。智慧電網由多種能源生產單位和能源消耗單位組成,而 AI 會分析這個網路生成的數千個數據點,即時進行調整。這種可持續進行調整的功能會在解決再生能源的重大課題「間歇性」方面發揮關鍵作用。

AI 智慧電網會即時將能源傳輸到最需要電力的地方。當發電量高、用電量低時,智慧電網會將多出來的電力傳輸到儲能系統。當用電量增加、發電量減少時,智慧電網會分配儲能系統中的電力。這進一步提高了再生能源的穩定性。

綠色能源具有變動性,因此維護管理工作相當重要。如果電網故障,可能會發生大規模停電,並且高昂的修理費用會導致能源價格大幅上漲,而 AI 能透過預測性維護提供幫助。

預測性維護會學習辨識早期預警訊號,來預測設備可能在什麼時候發生故障。系統會在問題還很小且能以低廉的費用輕鬆解決問題時,向技術人員發送通知。因此,預測性維護可以減少停機時間,並將效率提高到傳統維修方式無法達到的程度。這種 AI 維護策略對現有的非再生能源電網也很有用。

利用資訊擴大再生能源並提高效率

　　若想有效利用再生能源,就必須要有得天獨厚的自然環境。也就是說,並不是所有的地區都適合使用相同的再生能源。例如,太陽能板會在陽光充足的地區生產更多電力;而海拔越高,風力越強,因此風力發電機最適合設在山區。但我們還需要考慮到許多複雜的因素,例如土地所有權問題和建設能源設施時對附近環境造成的影響。

　　機器學習模型能同時分析這些複雜的要素。AI 能比人類更快、更準確地找到哪裡適合建造再生能源基礎設施。決策越複雜,AI 就能發揮越大作用。AI 會幫助人類建立能以最低成本生產最多能源,並且能最大限度地減少對生態系影響的再生能源系統。

　　效率是向綠色能源轉型時的另一個核心要素。AI 在這個領域的作用類似於智慧電網。在家庭、企業和發電廠,AI 物聯網設備會即時分析狀況並調整能源供應。這樣不但能支援原本的流程,還能最大限度地減少用電量。

　　智慧型恆溫器就是實現了這個概念的好例子。這個設備相對簡單,但每年平均可以減少 8％ 的冷暖氣使用量。如果將同樣的自適應技術應用於大規模環境,那將能大幅節省能源。

　　此外,AI 能減少大規模能源供應鏈的碳足跡。機器學習模型會分析電網,並找出哪些地方只需要些微的改變就能減少排

放量。其中，有許多問題點很難靠人類肉眼發現。例如，有時候只要與較近的供應商合作、變更交貨週期或尋找再生材料供應商，就能減少排放量。AI 分析能找出這些複雜要素的最佳組合，將能源供應鏈的效率提到最高。

天氣建模

隨著全球日益依賴再生能源，天氣預報和分析將變得更為重要。有人就正在使用 AI 深度學習模型，來預測會大受天氣影響的太陽能發電量。這種 AI 模型能比現有的預測方法進行更準確的預測。因此，制定有效的綠色能源轉型計畫變得比過去容易。

天氣建模還能用來應對即將到來的惡劣天氣。AI 模型會通知相關機構是否有阻礙綠色能源供電的情況。早期預警能幫助電力公司確保能源儲備量並保護基礎設施，防止損失和停電。

實現即時的能源交易

在綠色能源領域，AI 的另一個優點是能實現更快、更高收益的能源交易。有別於現有的其他電力供應來源，再生能源能

讓個人利用太陽能板或小型風力發電機在家裡發電。由於使用 AI 能讓能源交易投資人更快回本,因此能鼓勵更多人使用這種系統。

家用太陽能板的平均安裝費用約為稅後 1.6 萬美元。由於所有者是自行發電,因此用電量越少越省錢。太陽能板並不是只有電費的問題。再生能源具有間歇性,因此生產的電力可能會超過屋主的需求。AI 則能辨識這種情況,並在最具成本效益時,自動向電力公司出售能源。總地來說,電網能分配更多的再生能源,再生能源所有者能賺錢抵銷安裝成本。

AI將為更環保的未來開闢道路

綠色能源轉型非常重要,但過程相當複雜。儘管 AI 不是完美的解決方案,但它能為這個轉型過程提供必要的幫助。

AI 能為生產者和消費者提供想實現大規模再生能源所需的速度、準確性和洞察力,並能減少依賴化石燃料的現有系統的碳排放量。隨著氣候變遷的威脅加劇,這些優點變得越來越難以忽視。AI 將會成為對氣候來說不可或缺的存在。

6
再生能源使用量劇增的祕密

為了避免氣候變遷帶來最嚴重的後果,世界各國在2015年的《巴黎協定》中設定了將全球氣溫升幅限制在1.5°C以內的目標。但地球正在逼近這個臨界點。國際能源署(International Energy Agency,IEA)表示,我們還有時間減少碳排放量,將全球升溫幅度限制在1.5°C以內,但是這扇門正在迅速地關上。不過我們還是有一絲希望。隨著向低碳或無碳未來轉型的趨勢增強,逐漸出現了一些積極的信號。

自2000年以來,全球再生能源使用量劇增了415％,年均成長率達7.4％。國際再生能源機構(International Renewable Energy Agency,IRENA)的最新數據顯示,2000年至2023年,全球再生能源裝置容量從0.8TW(1TW=1,000GW)增加到了3.9TW。其中,中國增加了1.4TW,超過非洲、歐洲和北美洲的總和,位居首位。這裡的再生能源包括太陽能、風能、水能、生物質能、地熱能和海洋能。此外,2023年全球再生能源裝置容量增加了473GW,比2022年增加了約62％。2023年總裝置容量中,約有87％來自再生能源,非再生能源僅占了13％。在再生能源

成長中，太陽能占了73％，貢獻特別大。

雖然實現了大幅成長，但包含美國、歐洲在內的許多富裕地區再生能源的平均成長速度卻已經開始在放緩。美國的再生能源發電量增加率雖然略高於歐洲，但遠低於中國。2022年，美國簽署了《降低通膨法案》（Inflation Reduction Act，IRA），再生能源的成長預計會加速。2000年至2023年，加拿大的再生能源裝置容量僅增加了57％，落後於其他已開發國家。

總體來看，亞洲的成長幅度最大，其中中國的表現尤為突出。此外，2023年11月，阿拉伯聯合大公國建造了全球最大的單一廠址太陽能發電廠，其覆蓋21平方公里的沙漠面積，400萬個雙面太陽能板容量達2GW，約能為20萬戶家庭供電，每年可減少240萬噸以上的碳排放。

隨著太陽能發電和風力發電成本持續下降，中國85％的新增裝置容量來自再生能源，這又達到了一個里程碑。目前這兩種能源的競爭力都相當於煤炭和天然氣。中國近幾年之所以能快速發展，某種程度上歸功於能源和產業扶持政策。

隨著人們對能源安全的擔憂日益加劇，2023年歐盟的太陽能發電量達56GW，比前一年增加了17GW；歐盟也計畫從2027年開始停止從俄羅斯進口能源。非洲的再生能源裝置容量，自2000年以來增加了184％，年均成長率為4％。印度是目前世界上人口最多的國家，其再生能源裝置容量增加了604％，2000年至2023年的年均成長率為8％。

此外，政策不斷改進、地緣政治發生變化、成本下降等因素加快了再生能源在全球市場擴張的速度。2023 年，在杜拜舉行的第 28 屆聯合國氣候變化大會（COP28）上，有近 200 個國家同意「轉型擺脫」化石燃料。

但是國際再生能源機構的報告強調，人類需要更快引入潔淨能源。聯合國氣候變化大會設定的目標包括「在 2030 年前使全球再生能源裝置容量增加兩倍」。該機構表示，這在技術上、經濟上都是可行的，但目前缺乏明確的計畫來實現目標，因此需要積極的政策干預。

在各種潔淨能源技術中，目前只有太陽能在步入正軌。根據國際再生能源機構對 2030 年的預測，風能、水能、地熱能都將無法達到目標。該報告中還包含對電動車和插電式混合動力車的預測，這兩者預計也無法達成目標。這些車輛的全球保有量必須從 2023 年的 4,000 萬輛增加到 2030 年的 3.6 億輛。

開發中國家的再生能源投資水準仍非常低。2023 年，能源轉型相關投資規模超過了 2 兆美元，創下歷史新高，但 120 個開發中國家僅吸引了全球再生能源投資的 15%。

相比之下，化石燃料每年仍有 1.3 兆美元的補貼。這相當於為使 2030 年再生能源發電量增加兩倍所需的年度投資額。除了增加再生能源的使用量之外，我們還必須減少對化石燃料的依賴。因此，我們必須從減少化石燃料使用量開始做起，並建立替代能源策略，才能實現真正的轉型。

七個能帶來希望的好消息

不過,還是有幾個好消息。以下是世界經濟論壇《促進有效的能源轉型 2023》(Fostering Effective Energy Transition 2023)報告中提到能對能源和環境的未來感到樂觀的幾個例子。

1. 全球再生能源成長驚人

2023 年,全球再生能源裝置容量增加了 50%,創下了 20 年來的最大增幅。2030 年,再生能源裝置容量預計會增加二點五倍,幾乎接近聯合國氣候變化大會設定的目標。

中國太陽能發電的快速成長是主要推動力,歐洲、美國和巴西的再生能源也都取得了顯著的成長。全球太陽能發電裝置容量增加了 510GW,足以為約 5,100 萬戶家庭供電一年。

2. 歐洲議會將環境破壞定為犯罪

2024 年,歐盟透過投票將最嚴重的生態系統破壞案件定為犯罪。這是國際組織首次做出這種嘗試。此次投票以 499 票贊成、100 票反對、23 票棄權,獲得了壓倒性的支持。

破壞棲息地、非法砍伐等破壞生態系統的犯罪行為,今後將能根據歐洲議會最新的環境犯罪指令,處以嚴厲的處罰和徒刑。成員國必須在兩年內將該指令納入國家法律。

3. 已經有國家近100%依靠再生能源供電

隨著全球風電裝機容量增加，目前有7個國家的電力需求幾乎完全依賴於潔淨的再生能源，分別是阿爾巴尼亞、不丹、衣索比亞、冰島、尼泊爾、巴拉圭和剛果民主共和國。這些國家有99.7%以上的電力來自地熱能、水能、太陽能和風能。

根據全球風能協會（Global Wind Energy Council，GWEC）的最新報告指出，2023年全球新增風電裝機容量為116GW，比2022年增加了50%。中國的離岸及陸上風電裝機規模領先全球，美國、巴西和德國緊隨其後。在荷蘭的強勁成長下，歐洲的新增離岸風電裝機容量也在2023年創下了歷史新高，達3.8GW。這份報告強調，雖然風力發電的成長集中在幾個大國，但其他國家和地區也實現了創紀錄的成長。2023年，非洲和中東地區的新增風電裝機容量就達到了1GW，幾乎是前一年的三倍。

4. 與森林砍伐和自然問題有關的政府政策增加了兩倍

根據對300多個主要政策措施進行詳細分析，以及100多名政策專家意見所撰寫的報告《不可避免政策責任》（Inevitable Policy Response）指出，2023年各國政府宣布的自然相關政策數量，比前一年增加了一倍。但有些遺憾的是，2023年推出的自然政策中，90%以上的政策符合的是2°C升溫目標，而非1.5°C氣候目標。

該報告預測，2035年全球減排量的一半將來自土地利用領

域,並且會透過結束森林砍伐、減少農業排放、減少食物浪費、恢復被破壞的生態系統、擴大自然解決方案等政策來實現。

5. 全球最大的離岸風電場出現

世界上最大的離岸風電場 Hornsea 2 正在北海地區滿載運行,其面積相當於 6.4 萬座足球場。該風電場位於距英國約克郡海岸 90 公里處,設有 165 座風力發電機,總發電量為 1.3GW,每年能為英國 140 萬戶家庭供電。

營運這座風電場的丹麥再生能源企業沃旭能源(Ørsted)目前正在英國營運 13 座離岸風電場,總裝機容量為 6.2GW。該公司的目標是在 2030 年前,使其全球離岸風電場裝機容量達到 30GW。

6. 法院裁決氣候變遷侵犯人權

在一起由 2,500 名瑞士婦女組成的協會提起的氣候訴訟中,歐洲人權法院做出了一項歷史性的裁決。其裁定「瑞士政府未應對氣候變遷,侵犯了這些婦女的基本人權」。

在該訴訟中,70 多歲的女性們表示,她們的年齡和性別使她們特別容易受到氣候變遷造成的熱浪影響,而瑞士政府未付出足夠努力來達成減排目標。這項裁決預計會為政府的氣候變遷消極應對敲響警鐘。

7. 2025年再生能源的成長將超越煤炭

　　國際能源署預測，2025年潔淨再生能源將超越煤炭，成為全球最大的電力來源。預計未來幾年，全球電力擴張中再生能源將占90％以上。2022年至2027年，全世界再生能源裝置容量將增加2,400GW。

　　想要實現溫室氣體淨零排放，還有很長的路要走，但可以肯定的是，我們正朝著正確的方向前進，現在只需要再加快速度。而為了加速，有些國家的政府親自出面，制定了關於再生能源的法律法規，使其具有強制性。

瑞士制定了再生能源相關法律

　　為了在2050年之前實現碳中和，瑞士於2024年6月9日通過了一項旨在加快再生能源發展的法律。而投票結果顯示，有69％的瑞士選民支持「基於再生能源的安全電力供應」相關法律。

　　瑞士是直接民主國家，會由全民參與投票。只要公民提案在18個月內得到10萬人連署，就能進行全民公投。全民公投每3個月進行一次，每年進行4到5次。

　　2023年，瑞士議會通過了再生能源法案，大多數的環保

組織都支持該法案。綠色和平組織表示，這次的投票結果意味著核能已過時，並呼籲瑞士關閉核電廠。

這項法案旨在迅速增加太陽能發電和水力發電，從而減少對進口電力的依賴。在太陽能發電領域，該法案計畫在建築物屋頂和外牆安裝太陽能電池板。此外，這項法案有望使風力發電機和大型太陽能設備更容易獲得規劃許可。

7
再生能源生產過剩和負價格問題

≡

　　技術發展正在帶動利用自然優勢的太陽能和風能的發電量快速增加。這雖然是個好現象，意味著我們正在用綠色能源填滿電網，但人類尚未解決的問題開始浮出了水面。這個問題就是無法大量儲存能源。儲能技術是阻礙再生能源商業化的最大因素。再生能源受其特性影響，我們無法隨心所欲地獲取。舉例來說，風力發電會在颱風時獲取能源，但如果這時能源需求不多，那獲取到的能源會變得毫無用處。這也就是為什麼我們要有電池儲能技術，把能源儲存起來，等到需要的時候再拿來使用。目前的電池儲能技術還未達到這個水準，因此生產的能源大多都會被浪費掉。

　　更嚴重的問題是能源負價格問題。再生能源普及的歐洲和美國會透過拍賣決定能源價格，但有時候會供過於求，導致價格轉為負值。儘管這能減輕消費者近幾年因電費飆升而增加的負擔，但令人擔憂的是，這可能會阻礙對抗全球暖化的核心武器再生能源的進一步發展。因為能源負價格可能會使投資者放棄投資，進而導致儲能系統的開發速度下降。

再生能源最重要的課題

2008 年，負價格首次在德國出現。起初，市場上很少出現負價格，但歐盟能源管制機關合作總署（European Union Agency for the Cooperation of Energy Regulators，ACER）的數據顯示，2023 年的負價格比前一年增加了十二倍，而且這個趨勢延續到了 2024 年。由於五月晴天天數異常地多，丹麥的電價跌破零元，創下了歷史新低。在德國，太陽能生產商因負價格陷入了困境，能源市場陷入了混亂。

國際能源署的數據也顯示，自 2023 年以來，南澳洲的批發電價約有 20％的時間都是負值。而在 2024 年上半年，美國加州負價格所占的時間比也超過 20％，比 2023 年同期增加三倍以上。

法國電力傳輸網絡公司 RTE 則表示，2024 年上半年法國電價約有 5％的時間為負值，這打破了 2023 年創下的紀錄。瑞士電價則在 2024 年 7 月 14 日暴跌到了－400 歐元／MWh。最低價通常出現在太陽能發電高峰期，也就是夏季中午。

自新冠大流行和俄烏戰爭以來，歐洲對再生能源的需求量意外地下降，導致負電價這個趨勢在過去三年持續加速。

當供過於求時，電力現貨批發市場上的電力價格會轉為負值。目前約有五分之一的電力在這個市場交易，需求者會在此購買隔天要使用的電力。對此，如果大型工業消費者選擇在負

電價時生產，並從批發市場購買電力，將能夠大幅降低生產成本。

哥倫布諮詢公司（Colombus Consulting）的能源分析師尼古拉斯‧戈德堡（Nicolas Goldberg）表示，負價格是警告電網生產過剩的信號。電網必須持續保持平衡，電力過多可能會導致電力超過某些設備的標準；而電力太少可能會導致部分或所有客戶斷電。目前尚沒有技術能儲備多餘的電力，生產商無法選擇儲電，只能減少發電量，因此許多再生能源生產商會在價格轉為負值時停止發電。儘管部分生產商會根據合約獲得固定費用，或在價格低於某個水準時獲得國家補償，但並不是所有廠商都能得到補償。

有別於再生能源，化石燃料和核電可以調整發電量，但停產後重啟的成本很高，因此停產並不是明智的選擇。此外，由於 2023 年各國在聯合國氣候變化大會上同意在 2030 年之前使再生能源裝置容量增加兩倍，太陽能和風力發電量將進一步增加。只不過就算我們生產了豐富的再生能源，目前仍存在缺乏儲能技術這個嚴重的問題，這會導致電價波動加劇、能源系統不穩定。目前再生能源市場最重要的課題，是開發出能在需求量多、供應量少時重新分配電力的儲能設備。

8
巨型電池發展現況

☰

　　在再生能源儲能技術的開發競爭中,史丹佛大學的研究人員公開了一項新技術,有望改變我們利用潔淨能源的方式。這項技術是「液態電池」,將解決太陽能和風能等再生能源的間歇性問題,保障智慧電網持續穩定地供電。

　　過去,想儲存氫氣往往需要龐大又複雜的基礎設施。不過,由史丹佛大學化學系教授羅伯特・韋莫斯(Robert Waymouth)領導的研究團隊克服了傳統儲氫技術遇到的問題,並開發出一種能以液態形式有效儲存氫氣的方法。

　　該研究團隊使用精心設計的催化劑系統,直接將電能轉換成了「異丙醇」,這種液態醇會發揮高密度氫載體的作用。在這個過程中,無須再生產氫氣這個因為能量密度低和安全問題而阻礙儲氫的要素。韋莫斯教授表示,「當能源過剩且電網沒有需求時,電能會被儲存成異丙醇,等到需要能源時,異丙醇會再被轉換成電力」。

　　這個液態電池技術的潛在應用領域非常廣泛。液態電池能在發電高峰期儲存多餘的能源,等到需求增加時再釋放,因此

加州這種高度依賴再生能源的地區，將能大幅提高電網的穩定性和可靠性。此外，液態氫載體的性質能夠簡化物流，並為運輸和其他產業的脫碳開闢新道路。

液態電池可能會加快從化石燃料轉向永續能源。雖然這項技術仍處於早期開發階段，但隨著技術不斷發展，液態電池將在緩解氣候變遷和確保子孫後代獲得穩定的能源供應方面發揮重要作用。

碳水泥超級電容器（Carbon-Cement Supercapacitor）

由麻省理工學院的研究員達米安・史特凡尼克（Damian Stefaniuk）帶領的團隊，也開發出了一種將掀起儲能革命的劃時代材料。他們結合水、水泥和高導電材料碳煙，開發出了一種會對再生能源儲存產生重大影響的超級電容器。

有別於鋰離子電池，碳水泥超級電容器並不適合用於長期儲能，但很適合用於快速充電和放電，而這彌補了現有電池的缺點。它能為一整天都在波動的綠色能源提供有效的儲能解決方案，減輕電網的負擔。

如果能加長儲電時間，碳水泥超級電容器將在解決再生能源儲能問題方面發揮很大的作用。這項技術的應用領域非常廣泛。如果用這個創新材料鋪路，那行駛中的電動車將能無線充

電,這能減少對現有充電站的依賴。如果用它來蓋建築物,那我們將能把能源儲存在建築物中。

目前,經概念驗證的超級電容器的儲能量只能為10瓦的LED供電30小時;另外,它還有放電速度快、能量密度比鋰離子電池低的缺點。解決這些問題也是研究團隊的重要課題。

電池成本快速下降,
有望加快再生能源轉型

國際能源署預測,得益於電池成本快速下降,未來幾年從化石燃料轉向再生能源的規模將大幅擴大。國際能源署表示,過去十年電池成本下降了90%以上,預計到了2030年會再下降40%。能源產業在當前的電池需求中占主導地位,2023年的新增容量比前一年增加了一倍。

國際能源署的報告顯示,如果要抑制溫室氣體排放、實現將全球氣溫升幅限制在1.5°C以內的目標,2030年能源儲存容量必須提高六倍,其中電池儲存容量預計約會占成長的90%。

儘管電池製造能力確實有所提升,但該報告指出,由少數幾個國家集中生產電池的狀況,會嚴重阻礙其廣泛普及。此外,鋰和鈷等關鍵礦物的加工目前仍集中在中國。

國際能源署執行董事法提赫・比羅爾(Fatih Birol)強調,在

加快再生能源轉型、促進運輸產業電氣化方面，電池將扮演關鍵的角色。

但是電池並非唯一解答，除了儲能，將能源出售到其他需要能源的市場也是一種方法，即便這個市場比想像中遙遠。

澳洲－新加坡大規模潔淨能源電纜獲批

澳亞電力連接（Australia–Asia Power Link，AAPowerLink）是一項大規模的再生能源及輸電計畫，其目標是在 2030 年將澳洲生產的太陽能輸送到新加坡。若要解決再生能源的負價格問題，就必須實現「靈活性」，而這項計畫應該能發揮重要作用。

第一階段時，澳洲北領地鮑威爾溪會建造一座 10GW 的太陽能發電場。這個發電場會 24 小時生產潔淨電力，並將其輸送到達爾文。達爾文則會建造能將太陽能直流電轉換成交流電的設施，為家庭和企業供電。這個設施預計最多能供應 4GW 的綠電。

第二階段時，澳洲將建造 4,300 公里長的海底電纜，將電力出口到新加坡。這條電纜能輸送 1.75GW 的電力。這項計畫預計將在 2030 年初開始為新加坡供應潔淨電力。

澳亞電力連接計畫預計會對澳洲北部經濟產生巨大的影響。這項計畫將創造數千個就業機會，並再投入數十億美元到

社區。它還會為新加坡提供穩定且具有競爭力的再生能源。

　　更重要的是,這項計畫將為溫室氣體減排做出重大貢獻。太陽能是潔淨的永續能源。但就跟其它再生能源一樣,其產量會受環境的影響,有的地方太陽能很豐富,有的地方卻缺乏太陽能。有別於澳洲幅員遼闊、晴天天數多,新加坡國土面積小、陰天天數多,因此能源是長久以來的問題。這項計畫將有助於澳洲和新加坡減少對化石燃料的依賴。

　　只不過,澳亞電力連接計畫規模龐大又複雜,因此有很多需要克服的挑戰。其中,最大的挑戰是必須在海底建造4,300公里的電纜。除了要解決技術上的問題,還必須籌措數百億美元的資金。此外,該計畫還必須得到澳洲政府和新加坡政府的各種許可,並取得用來建造太陽能發電場和輸電線路的土地。

　　目前,我們還不知道數千公里長的輸電線路和大型儲能電池哪一個會先實現。但無庸置疑的是,這兩項技術皆會推動再生能源轉型。

9
除了碳中和之外，
還必須進行碳捕集和碳移除

為了讓人類能繼續在地球上生存，我們必須在 2050 年之前實現淨零排放。這不僅包括過去的碳排放量，還涉及航空、重工業等產業難以脫碳的經濟問題。這也是為什麼我們必須在 25 年內開發出直接空氣捕獲（Direct Air Capture，DAC）等二氧化碳移除技術。

二氧化碳移除技術正在成為對抗氣候變遷的重要解決方案。雖然還處於早期階段，但其潛力巨大，因此需要關注。

但二氧化碳移除有成本高且危險的缺點，加上美國等部分國家至今都還在生產大量的石油和天然氣，使有關這項技術的爭論進一步加劇。環保組織自然資源守護委員會（Natural Resources Defense Council，NRDC）的資深科學家大衛・卡羅爾（David Carroll）表示，「我們現在最迫切要做的兩件事，是停止砍伐森林，以及停止排放更多二氧化碳到大氣中」。我們必須先做到這兩件事，投資二氧化碳移除技術才有意義。卡羅爾還表示，只移除大氣中的二氧化碳卻不停止排放二氧化碳，就等同於只在傷口

上貼 OK 繃而不為其止血。

另外，智庫榮鼎集團（Rhodium Group）最近的一份報告指出，為了達成氣候目標，美國每年需投資約 1,000 億美元研發二氧化碳移除技術。但不管有再多的方法，最有效且唯一能達成氣候目標的方法是不依賴化石燃料。

該報告中提到了三種能從大氣中移除二氧化碳的策略：靠植物、土壤和海洋吸收二氧化碳（自然方法）；製造捕集二氧化碳的機器（工程方法）；結合自然方法和工程方法（混合技術）。但這三種策略各有各的挑戰。

種樹一直都是最受歡迎且基於自然的策略，但幾乎沒有成功過。許多研究和調查結果顯示，透過林業計畫抵銷排放量的策略大多都以失敗告終。從空氣或海水中吸取二氧化碳的機器比較適合用來追蹤二氧化碳捕獲量。但這種機器的能源消耗量非常大，成本也很高，因此效率低下。光是想從空氣中過濾 1 噸二氧化碳，就需要 600 美元以上。換句話說，花在技術上的 1,000 億美元很有可能會是這項技術的最低成本。

好消息是，許多企業和研究機構正在積極開發各種二氧化碳移除技術，例如製造會直接吸收空氣中的碳，並將其儲存在地下或將其用於製造混凝土等產品的機器。

讓海洋吸收碳

海洋碳移除公司 Ebb Carbon 正在開發一種能讓海洋吸收碳的技術。海洋是天然的碳匯（Carbon Sink），它吸收了人類活動排放的二氧化碳的 30％左右。但海洋能吸收的碳量有限，而且海洋目前吸收的量使其酸度增加，可能會危害海洋生物。Ebb Carbon 開發了一個海洋碳移除系統，不僅能增加海洋可吸收的二氧化碳量，還能降低使用地區的酸度。

這個系統會被整合到海洋研究所或海水淡化廠等處理海水的設施中。Ebb Carbon 會在把水排回大海之前，使用低碳電力將其分離成酸性溶液和鹼性溶液。鹼性溶液被送回大海時，會捕獲已溶解在海水中的碳，使其變成碳酸氫鹽。這樣不但能讓海水從空氣中吸收更多二氧化碳，還能降低海水的酸度，因此不會危害海洋生物。

此外，酸性溶液可以供應給需要的合作廠商，使其在製造混凝土、水泥或其他產品時使用。藉此賺取的錢和出售碳排放權賺取的錢可以用來營運系統。

Ebb Carbon 目前正在位於華盛頓州的西北太平洋國家實驗室營運海洋碳移除示範工廠，而電機電子工程師學會則宣布其計畫在華盛頓州安吉利斯港建造一座規模擴大五倍的工廠。Ebb Carbon 表示，新工廠將使海洋每年再多吸收 500 噸二氧化碳。只不過，這雖然是世界上最大的海洋碳移除計畫，但它只

能抵銷約 35 個美國人每年產生的排放量。此外，在正式使用這個系統之前，必須先確認其是否會對環境造成意想不到的負面影響。

利用蛋白粉進行碳捕集

英國的一家新創企業研發出一種使用蛋白粉加速岩石風化的方法。這家生物製造公司 FabricNano 致力於使用基於酶的生物催化劑製造永續產品，利用大自然來解決人類面臨的問題。

FabricNano 的執行長兼創辦人格蘭・阿倫斯（Grant Aarons）對減少供應鏈中的碳排放產生了興趣，尤其是碳捕集和碳封存技術，並且因此而推出了「增強岩石風化」（Enhanced Rock Weathering，ERW）技術。增強岩石風化，通常又被稱為「基於土壤的增強風化」，這項技術會利用岩石的自然風化過程，來封存大氣中的二氧化碳。

增強岩石風化技術會先在一大片土地上（例如農場、田野）噴灑礦物粉末。這麼一來，不久之後就會下雨。這些雨水中含有造成氣候變遷的元凶，也就是大氣中的二氧化碳。這些二氧化碳會被封在水分子中，形成碳酸分子。當碳酸遇到某些類型的岩石（通常是玄武岩或其他矽酸鹽岩石）時，會礦化成穩定的碳酸鹽，然後被儲存在土壤中，或被沖入海裡。碳酸鹽

在我們的日常生活和海中隨處可見，碳酸鈉其實就是小蘇打，碳酸鈣則是粉筆。

流入海洋的碳酸鹽分子會在沉積到海底後，變成岩石（例如石灰岩）、珊瑚或是甲殼動物的甲殼，因此將有助於逆轉海洋的酸化作用。這些分子會在流入海洋的過程中，增加土壤中的總碳含量，進而改善土壤微生物組（Microbiome）的整體健康狀況和 pH 值。

這項相對簡單的技術近幾年得到了 Meta、Google、微軟等企業的投資，並且在快速成長。但若要正式商業化，必須先解決幾個問題。其中一個問題是該技術可能需要花幾十年的時間，才能成功從空氣中捕集碳。雖然使用超細懸浮微粒可以提高速度，但要大規模捕集並不容易。

目前，FabricNano 的科學家們發現，只要將一種叫碳酸酐酶的蛋白粉撒在碎玄武岩上，就能加快碳捕集速度。這能使所需時間從幾十年縮短成幾年。

喬治亞理工學院與Meta的碳捕集和AI解決方案

要從空氣中捕獲碳還有一大挑戰，就是系統必須根據使用環境進行客製化。例如，陽光強烈又乾燥的沙漠、濕熱的熱帶地區和寒冷的北歐天氣皆不相同，系統當然得分別設定。廠商

必須根據使用環境的濕度、溫度和氣流設定系統參數。

　　喬治亞理工學院和 Meta 共同建立了一個大型資料庫。這預計會使研究團隊能更輕鬆快速地設計和實現直接空氣捕獲技術。這個開源資料庫使研究團隊能更快地訓練 AI 模型，其速度比現有的化學模擬快。這個名為 OpenDAC 的計畫將能使人類更快地找出地球迫切需要的氣候解決方案。

　　喬治亞理工學院的安德魯・梅德福（Andrew J. Medford）教授表示，「最重要的是，必須找到能在各種環境的特定條件下有效捕集碳的材料」。OpenDAC 的資料集中有 8,400 種不同物質的反應數據，其由 4,000 萬次左右的量子化學運算驅動，是現有科學資料集中最龐大且最強大的資料集。Meta 則在這項計畫中提供了機器學習技術。

　　梅德福表示，「若想預測某種物質能用在哪裡，必須先搞清楚其每個原子的位置和化學元素」。解決這個問題，就等於克服了一大半難題。這也是為什麼 Meta 的研究團隊會引入喬治亞理工學院研究團隊的專業知識。

　　Meta 研究團隊的技術長、論文的第一作者阿努魯普・斯里拉姆（Anuroop Sriram）利用喬治亞理工學院研究團隊提供的數據訓練了機器學習模型。經過 4,000 萬次運算後，模型變得能準確預測數千個金屬有機框架會如何與二氧化碳相互作用。研究團隊證明，AI 是用來發現特定物質的強大工具，它會提供與現有量子化學運算相似的準確率，而且速度更快。

斯里拉姆博士表示,「我們的目標是研究所有已知金屬有機框架集合,並找出不會吸取水蒸氣等其他空氣成分,又會最強烈吸取二氧化碳的金屬有機框架。」這是過去任何數據和 AI 都無法做到的事情。喬治亞理工學院和 Meta 的研究團隊利用自家的資料庫,辨識出了約 241 個極有可能能直接捕獲碳的金屬有機框架。

「直接空氣捕獲技術具有巨大潛力,但唯一能實現這項技術的方法,是找到更好的材料。」OpenDAC 資料集計畫的數據、模型和演算法都是開源的,因此參與的科學家越多,就能越快找到合適的物質。

利用細菌的代謝過程進行碳捕集

馬克斯・普朗克學會也投身到了碳捕集技術的開發中。研究團隊開發出了一種能利用特定細菌,更有效地捕集空氣中的二氧化碳,並將其轉換成有用的化學物質的方法。其過程類似於在自然界中發生的光合作用,但它具有效率更高且能手動調整的優點。

這項技術的關鍵是它能有效利用捕集和轉化二氧化碳時所需的能源。研究團隊調整了細菌的代謝過程,以更有效地利用二氧化碳。這使研究團隊能生產生物燃料、塑膠,甚至是醫藥

品等各種產品。

　　如果這項技術商業化,那麼該技術預計將能減少二氧化碳排放量,並有助於以永續的方式生產有用的產品。

10
電動車市場占有率逐漸達到100％

☰

到了 2030 年代後期，全球購買的新車大部分將會是電動車。數十年來的技術創新、政策的改變和消費者喜好的變化，將快速驅動電動車轉型。

2010 年代，電動車開始興起，這個時期的特徵是電池技術創新、充電基礎設施擴張，以及早期減少碳排放的政府獎勵措施。

2020 年代，隨著排放法規變得更嚴格、全球氣候變遷意識提高，主要汽車大廠承諾將逐步淘汰內燃機汽車，電動車轉型進一步加快。

預計到了 2030 年，挪威將成為第一個 100％引入電動車的國家，而這會成為許多國家效仿的先例。

固態電池的開發、自動駕駛技術的發展，以及再生能源的擴散，不僅使電動車成了可行的替代方案，還使其成了全世界消費者的首選。

2030 年代後期，美國、日本、歐洲國家等已開發國家銷售的新車幾乎都將是電動車，內燃機汽車將迅速減少、只剩下

舊型車款，最後消失。

這種發展比許多分析師預測的還要快。隨著交通運輸工具快速電氣化，人們對石油的需求將大幅減少，這可能會導致依賴石油銷售的中東國家面臨巨大的困難。

而擁有強大再生能源產業的國家將獲得地緣政治影響力，在新能源環境成為技術和材料的主要出口國。全球能源轉型將為貿易平衡、投資和合作關係帶來巨大的變化，在十年內重塑地緣政治格局。

這個趨勢將在 2040 年代擴大到新興經濟體。由於中國和其他地區大規模投資基礎設施、電池價格下降、容量和充電時間不斷得到改善，非洲等地區也將會在 2045 年之前實現電動車轉型。內燃機汽車市場則會因為失去競爭力，自然而然地被淘汰。

11
碳密集型產業轉型

許多國家和企業正在積極制定和實施碳中和與淨零排放路線圖,卻遲遲沒有進展,因為某些產業難以脫碳。最難脫炭的產業為煉鋼業、水泥製造業等需要高溫的產業。

對抗氣候變遷的策略大部分都聚焦在電網和交通工具上。但令人驚訝的是,大量的化石燃料正在為工業供熱。全球 25% 的能源都被用於製造玻璃、鋼鐵和水泥。

由於電力很難讓溫度上升到製程所需的溫度,因此碳密集型產業一直都未能成功轉型。但最近發現了一種新的方法,能使用合成石英太陽能捕集裝置,讓溫度上升到 1,000°C 以上。這個高溫足以用於各種碳密集型產業。

利用太陽能製造工業需要的高溫

有研究發現,太陽能接收器能使用數千個太陽追蹤鏡來聚集太陽能,使溫度達到 3,000°C。但當製程需要 1,000°C 以

上的高溫時,以現有技術製造的接收器會將大量的能源輻射出去,因此效率非常低。

但是,最近瑞士蘇黎世聯邦理工學院的研究人員表明,只要在太陽能接收器中添加半透明石英,就能在最高 1,050°C 的溫度下捕集太陽能。這個溫度足以使太陽能在各種高碳排產業中取代化石燃料。

為了吸收太陽能,研究團隊使用了碳化矽盤,並在矽盤上附上了約 30 公分長的半透明石英棒。陽光會穿透石英,但石英容易吸熱,因此能防止熱量被輻射出去。

研究人員在相當於 136 個太陽的模擬陽光下照射了石英棒,結果太陽能在穿透矽盤後被封進了矽盤。這使得石英棒的另一端雖然只能上升到 600°C,碳化矽盤卻可以加熱到 1,050°C。

研究團隊透過設備模擬發現,石英的熱捕集能力能大幅提高太陽能接收器的效率。只要在最先進的接收器中添加石英棒,就能在溫度快達到 1,200°C 時,讓效率從 40% 提升到 70%。

這個方法雖然還處於概念驗證階段,但具有簡單性,因此應用到現有的接受器技術上應該不會有太大的困難。得到比爾・蓋茲支持的 Heliogen 等公司就已經開發出了能按產業需求製造高溫的太陽爐(Solar Furnace)技術。現在只剩下驗證商業可行性這最後一道關卡。

開發零碳水泥的夢想

水泥產業是另一個夢想脫碳的碳密集型產業。

混凝土是世界上最廣泛被使用的建築材料,但它也是環境汙染的元凶。混凝土製造過程中產生的二氧化碳就占了全球溫室氣體排放量的 8%左右。又尤其在水泥的主要原料石灰石的開採和熱裂解過程中,會排放大量的二氧化碳。

然而,除非發現全新的建築材料,否則水泥仍將會是主要建材。因此,科學家們長期以來都致力於讓混凝土變得環保。這裡包括以其他混凝土混合物取代石灰石等成分,或將混凝土設計成會從大氣中吸收更多的二氧化碳。在一項新的研究中,劍橋大學的研究人員研究了該如何將廢棄混凝土轉化回熟料(水泥的乾燥成分),以重複使用。

除了水泥之外,這份研究提出的創新方法還能回收再造鋼鐵這個同樣會排放大量二氧化碳的主要建材。如果採用這個新製程,那將舊混凝土倒入煉鋼爐時,不但能提煉鐵,還能產出副產品「再生水泥」。如果由再生能源提供動力,這個新製程將有可能製造出零碳水泥。

這項研究發表在《自然》期刊上,而第一作者西里爾・杜南(Cyrille Dunant)博士表示,「我曾有過一個模糊的想法。那就是如果能粉碎舊混凝土、分離沙石後加熱水泥,應該就能去除水分,讓舊混凝土變回熟料」。電爐煉鋼時通常會需要助熔劑

材料（如石灰），這種熔融物質會捕捉雜質並浮到表面、形成保護層，防止新的純鋼氧化，而用過的助熔劑通常會被當作廢棄物處理。

杜南博士的研究團隊用回收再造的水泥漿代替石灰助熔劑，令人驚訝的是，這個替代品不僅有效提煉了鋼，剩餘的爐渣在空氣中快速冷卻時，還產生了新的波特蘭水泥。最重要的是，這項技術不但不會使混凝土或鋼鐵的製造成本大幅增加，與現有方法相比，它還能大幅減少二氧化碳排放量。

這項技術已經利用生產數十公斤水泥的熔爐進行了試驗，並且正在進行工業規模的試驗，目標是在 2 小時內製造約 66 噸水泥。研究人員估計，到了 2050 年，這項製程的規模將擴大到能生產 10 億噸「電水泥」。

如果這項技術商業化，將帶來許多好處，其中最大的三個好處如下。第一，由於會回收廢棄混凝土製造水泥，因此能減少在開採石灰石和熱裂解過程中產生大量的二氧化碳排放量。第二，由於會利用廢棄混凝土製造新的混凝土，因此能減少天然資源的使用量。第三，由於會使用電弧爐製造水泥，因此與現有的水泥製造方式相比，更具能源效率。

劍橋研究團隊正在尋找方法使其開發的這項技術實現商業化。研究團隊預計會在未來幾年內利用這項技術大量製造「零碳水泥」。這將在大幅提高建築業的永續性及解決氣候變遷問題方面發揮重要的作用。

12
更多關於氣候變遷的資訊

氣候緊急狀態是現代社會面臨的重大挑戰。為了克服這個危機，我們必須提高全球意識。幸好有人很早就感受到了氣候危機，並架設網站提供了與氣候變遷的原因、影響和對策有關的資訊。這些網站提供廣泛的氣候變遷資訊，包括科學研究結果、氣候變化應對技術和政策建議。

以下網站皆提供許多與氣候變遷有關的有用資訊。各位可以訪問看看這些網站。

全球網站

- 聯合國氣候變化綱要公約

  https://unfccc.int/

  致力於讓大氣中的溫室氣體濃度穩定，以防止氣候變遷的國際公約。該公約不僅會推動簽署和履行氣候變遷相關國際公約，還會召開相關談判會和會議，並支援開發中國家

應對氣候變遷。該網站提供與氣候變遷有關的新聞、事件和報告。

- **政府間氣候變化專門委員會**
  Intergovernmental Panel on Climate Change，IPCC

  https://www.ipcc.ch/
  由聯合國環境署（UN Environment Programme，UNEP）和世界氣象組織（World Meteorological Organization，WMO）設立的組織，主要負責發表氣候變遷相關報告，並將科學、技術和社會經濟資訊評估報告提供給政策決策者。該網站提供與氣候變遷有關的最新科學研究結果和評估報告。

- **美國國家航空暨太空總署氣候變遷和全球暖化入口網站**
  National Aeronautics and Space Administration，NASA

  https://science.nasa.gov/climate-change/
  提供廣泛的氣候變遷相關資訊的領先機構。該網站提供與全球暖化的證據、原因、影響和應對方案有關的最新研究結果和數據。

- **國家地理** National Geographic

  https://www.nationalgeographic.com/environment
  環境與保育部門提供與氣候變遷有關的教育性新聞、照片

和影片。這些資料能幫助我們了解氣候變遷會帶來哪些影響，以及個人和共同體可以採取哪些措施。

- **氣候真相計畫** The Climate Reality Project

    https://www.climaterealityproject.org/

    美國前副總統艾爾・高爾（Al Gore）創立的組織，旨在提高大眾的氣候變遷意識，並推動教育計畫和活動，促進全球應對氣候變遷。該網站介紹應對氣候變遷的實際措施和成功案例。

- **綠色和平** Greenpeace

    https://www.greenpeace.org/international/explore/energy/

    旨在保護環境的國際非營利組織，專門進行各種與氣候變遷有關的活動和研究。該網站的氣候和能源部門會提供各種與氣候變遷有關的新聞、報告和活動人士的消息。

- **世界資源研究所** World Resources Institute，WRI

    https://www.wri.org/

    旨在促進永續發展的全球研究機構。提供與氣候變遷、能源、糧食、森林和水資源等各種主題有關的研究結果和數據，以及關於氣候變遷應對的政策建議和技術解決方案。

民間團體（不包含前面提到的團體）

- 世界自然基金會
  https://www.worldwildlife.org/
  國際環保組織。提供與氣候變遷對生態系統造成的影響有關的資訊。

- 氣候中心 Climate Central
  https://www.climatecentral.org/
  由研究氣候變遷的科學家和傳播者組成的非營利組織。該網站提供關於氣候變遷的新聞和資訊。

- 綠色氣候基金 Green Climate Fund，GCF
  https://www.greenclimate.fund/
  支援開發中國家減少溫室氣體排放、應對氣候變遷的基金會。該基金會不僅投資開發中國家的氣候變遷應對事業，還支援技術開發和轉移。

其他有用的相關網站

- 世界氣象組織
  https://wmo.int/

- 聯合國環境署

  https://www.unep.org/

- 氣候行動追蹤組織 Climate Action Tracker

  https://climateactiontracker.org/

　　氣候變遷不是僅靠一個國家的努力就能解決的問題,它需要全世界的合作及永續技術的開發和應用。因此,這些網站有助於促進國際社會就氣候變遷進行討論並合作,且能促進人們為了子孫後代的永續發展分享知識和技術。

> **PART 2**
> **人工智慧**

　　2022年，名為「生成式AI」的創新AI問世，未來還有可能出現能自行解決問題的AGI。接下來，我們將了解過去兩年生成式AI在醫療、法律、製造、電影、太空等各領域的表現，並根據已發生的事情，預測當AI更深入人類的生活時會發生什麼事。

　　AI在短時間內鞏固了作為人類夥伴的地位。讓我們來看看應該朝哪個方向發展，AI才會成為安全可靠的夥伴。

第 3 章

AI 正在成為現實

1
對 AI 和就業的擔憂與期待

有預測指出，到了 2030 年，AI 將取代全球約 8 億個工作崗位，因此全世界的期待和擔憂正在與日俱增。另外，經濟預測也令人驚訝，2030 年 AI 的經濟影響預計將達到 15.7 兆美元。這些數字很清楚地告訴我們 AI 將帶來巨大的變化。

根據 2024 年的一項調查結果，全球有 30％的勞工擔心自己的工作會被 AI 取代。這有可能會成為事實，但現實比我們想像更複雜。目前 AI 尚不具備取代人類大部分工作的能力，也還未達到能執行人類所有工作的水平，因為還有許多工作仍然需要人類的介入和判斷。

然而，在客服等特定領域，AI 已能非常有效地執行任務。因此，AI 短期內很有可能只會取代特定職務，不會取代所有工作。例如，大型語言模型（Large Language Model，LLM）學習了累積至今的龐大互動數據，因此能在客戶詢問產品資訊時生成正確且有用的回答。這不僅能減少員工的工作量，還能全年無休為客戶提供更快的服務。像這樣，AI 將對只專門做某項工作的職務造成巨大影響。

其中，執行重複性或常規性工作的職業會受到最大影響。一項分析結果顯示，ChatGPT問世後，從事重複性寫作和程式設計的自由工作者的需求分別減少了30.4%和20.6%，而且減少的不只有工作機會，還有工作報酬。

高盛（Goldman Sachs）表示，生成式AI和大型語言模型可能會在不久之後奪走3億個就業機會。高盛還預測，隨著AI被整合到業務流程中，預計50%的人力將面臨失業的風險。

其中，製造和行政管理等常規性任務較多的領域最容易受到AI和大型語言模型自動化影響。高盛指出，儘管AI自動化會提高效率和生產力並創新勞動力，卻會導致數百萬個工作面臨危險，尤其是不熟悉AI的人將受到更大的衝擊。為了在採用AI自動化技術的公司工作，人們必須熟悉相關技術。缺乏技術知識的人會越來越難就業，因為其會使勞動力差距擴大。

麥肯錫（McKinsey）的最新報告就指出，低薪資勞工必須換工作的可能性，是高薪資勞工的十四倍。如果不提高技能或轉職做與AI兼容的工作，很有可能會在快速進化的勞動市場中落後。

雖說重複性和常規性工作受AI影響最大，一些創作者也感受到了壓力。《華爾街日報》（Wall Street Journal）就在一篇特刊中介紹了一名因為Midjourney等AI工具，委託案件大量減少的電影概念藝術家。

重複性工作到創意類工作

　　花旗集團（Citigroup）曾發表一份關於金融領域 AI 的報告，預測 AI 技術對銀行業的影響，可能會比其他任何行業都大，有一半以上的銀行業務很有可能會被 AI 自動化。該報告顯示，54％的銀行業務有可能會被自動化，緊隨其後的則是保險業（48％）和能源產業（43％）。

　　該報告還預測，引入 AI 技術將有助於增加銀行利潤。2028 年，AI 將使全球銀行利潤增加 1,700 億美元。這意味著 AI 技術將提高銀行的效率，並提供創造利潤的新機會。

　　我們已經無法避免 AI 帶來變化，但只要具備充分的知識並接受培訓，員工們就能在日常工作中使用 AI 來提高生產力。美國全國經濟研究所（National Bureau of Economic Research，NBER）的數據顯示，客服人員在使用生成式 AI 工具後，生產力約提高了14％。這展示了人類與機器協作的潛力。

　　AI 毋庸置疑會改變勞動市場，我們應該將 AI 的整合視為機會。目前的生成式 AI 能生成文本和圖像，而後續產品將能順暢地處理並生成音訊和視訊格式的內容。這意味著新的多模態（Multimodal，能同時處理文本、語音、圖像、影像等多種資料格式）大型語言模型和 AI 技術正在迅速發展。AI 未來將影響人類的工作，因此再培訓對現代組織和勞工來說是不可或缺的。

高階管理層也將被AI取代

一直以來，AI給人們的印象大多都是「會取代體力勞動或簡單工作等低階職務」，但是現在，管理層也該努力避免被AI取代。

艾塞克斯大學商學院管理及未來學教授菲比・摩爾（Phoebe Moore）在接受《紐約時報》（New York Times）的採訪時就表示，「人們以前覺得由上司指派工作並進行考核的體系讓他們安心。但在新冠大流行之後，不少人開始覺得沒有上司也無所謂」。

與人們對「AI將破壞就業機會」這種範圍較廣泛的擔憂不同，用AI取代上司的想法聚焦在「智慧自動化（Intelligent Automation，IA）將導致正職員工失業」這個事實上。考慮到最高管理層的高額年薪，開發技術來取代這些職位並不算太昂貴的投資。

麻省理工學院電腦科學暨人工智慧實驗室前主任阿南特・阿加瓦爾（Anant Agarwal）在接受採訪時表示，執行長的職務有80％能以AI取代。各位可能會覺得領導者是執行長的角色，讓AI代為凝聚組織向心力並不妥當，但做決策也是執行長的重要職責，而今日的決策往往是基於數據得出的。

顧問公司光輝國際（Korn Ferry）的維奈・梅農（Vinay Menon）在接受《紐約時報》採訪時表示，「我們過去致力於外包工作，但現在正致力於外包資訊」。他還補充，「我們雖然需要領導

力,但不像過去需要那麼多的領導者」。

諷刺的是,許多執行長似乎早已同意這種觀點。IT顧問公司AND Digital對企業領導者進行的一項問卷調查結果顯示,43％的領導者認為AI會接管他們的工作。此外,45％的領導者承認,他們已經在ChatGPT的幫助下做出了幾項重大業務決策。

那我們是不是現在就該正式引入AI呢?事實上,AI跟創造AI的人類一樣有缺陷,而且無法保證其學習的數據偏見較少。因此,無論是新員工還是最高管理層,AI要完全取代某個職務都還需要時間。在那之前,我們必須尋找出路。

面對AI的態度

擔心AI會引發大規模失業是否為杞人憂天?其實,最近越來越多人主張,AI不僅提升了生產力,還創造了新的就業機會,正在引領經濟成長。

由保羅・懷斯曼(Paul Wiseman)撰寫的報導指出,因為AI能提高生產力,有不少企業僱用了更多員工或進行了再培訓。例如,IKEA在引入客服聊天機器人(Chatbot)後,對現有的8,500名客服人員進行了再培訓,讓他們負責提供室內設計建議。

而史丹佛大學針對《財星》世界500強企業中5,200名

客服人員進行的研究發現，聊天機器人使整體生產力提升了14％，技術水準最低的員工生產力甚至提升了34％。IT 諮詢公司 Alorica 就在推出可協助其銷售人員使用 200 種語言進行溝通的 AI 翻譯工具後，開始更積極地招聘員工。

也就是說，如果在工作中引入 AI 來提高生產力，有望帶來經濟成長，而且會創造新的就業機會。美國政府已透過研究確認，幾乎沒有證據能證明 AI 會對就業產生負面影響。從歷史上看，雖然過去的技術創新導致部分工作消失，但也創造了更多新的工作。麻省理工學院的一項研究顯示，2018 年有 60％ 的工作在 1940 年時並不存在。

比起奪走人類的工作，AI 更有可能會改變人類的工作方式，並創造新的就業機會。有很多人說「會奪走我們工作的，並不是 AI，而是知道如何利用 AI 的人」，這句話正在成為現實。我們現在要做的，就是在工作時積極利用 AI 工具來提高生產力，並不斷學習新技術，為未來做好準備。變化的速度將越來越快，我們必須靈活地適應這種環境，並抓住新的機會。

2
對 AI 的投資熱度是否能持續下去？

人們現在為 AI 瘋狂的程度，與 19 世紀剛在加州發現黃金時類似，所有人都在衝向 AI 領域，希望因此致富。近幾年，隨著對 AI 技術的投資暴增，科技巨頭正在展開激烈的競爭，以獲得未來的成長動力。

然而，高盛的分析師卻表示，AI 還未帶來可觀的收益。在 OpenAI 的 ChatGPT 問世後，圍繞 AI 研發展開的競爭進一步加速，並出現了類似囚徒困境的情況。囚徒困境指如果兩個人合作，能取得更好的結果，但如果有人為了自己的利益背叛對方，那有可能導致對雙方都不利的情況。AI 投資也是如此，許多企業都競相投資巨額資金開發 AI 技術，但如果過度投資，反而會導致企業的財務狀況惡化。Meta、Google 等科技巨頭正在投入數十億美元開發 AI，但短期內應該很難創造巨大收益。

AI 的市場滲透率也出乎意料地低。美國人口普查局的報告顯示，美國只有 5% 的企業正在使用 AI。由於 AI 與網路相連，因此可能會洩漏重要的商業機密，再加上對於虛假訊息和安全的擔憂、個人資料保護問題等原因，AI 的採用率並不高。

總的來說，AI 的能力現階段大多是炒作的話題。目前在 AI 產業領域真正創造利潤的企業，只有諸如輝達（Nvidia）這類銷售相關硬體設備的企業。

投入了資金卻賺不了錢的AI產業

在這種情況下，科技巨頭的領導者們表示，投資 AI 應該把眼光放遠，而不是追求短期收益。但也有人擔心，過度投資可能會威脅企業的生存，並使投資者感到更不安。

2024 年第 2 季度，Google 的控股公司 Alphabet 的資本支出飆升了 91%，達到 132 億美元，其中 22 億美元被用於 AI 開發。OpenAI 的年營業費用預計為 85 億美元，但年收入僅為 35 億～ 45 億美元。Anthropic 的情況更嚴重，其收入僅為 OpenAI 的 10 ～ 20%，但運算成本高達 25 億美元。

有分析表明，儘管投資規模如此龐大，至少也要等到 2026 年才能實現盈利。但馬克・祖克柏（Mark Zuckerberg）和桑德爾・皮查伊（Sundar Pichai）等執行長們認為，為了未來，這些投資都是必要的。

許多企業擔心如果不現在投資，未來可能會在競爭中落後，因此正在投入巨額資金。但有不少人質疑這種過度投資是否能持續下去，並擔心 AI 炒作可能會導致科技業泡沫化。

總結來說，從短期來看，科技巨頭們的 AI 投資競爭能加快技術發展，但從長期來看，這會伴隨相當大的財務風險。如果這種情況持續下去，不僅是科技業，整個經濟都有可能會受到重大影響，並發生市場調整。

生成式AI專利劇增，未來將由哪個國家主導？

儘管如此，AI 就像是下金蛋的鵝，我們不能忽視它。大量的專利申請就是一個很好的證據。世界智慧財產權組織（World Intellectual Property Organization，WIPO）在一份新的報告中表示，2014 年至 2023 年，關於生成式 AI 的專利申請數量共達 5.4 萬件，其中 25％是 2023 年申請的專利。只要輸入簡單的指令，經過訓練的生成式 AI 就能在幾秒鐘內生成文本、音樂、影片和程式碼等內容。世界智慧財產權組織總幹事鄧鴻森表示，生成式 AI 已成為「改變遊戲規則的技術」。

生成式 AI 專利僅占全球 AI 專利的 6％，但其申請數量正在迅速增加。世界智慧財產權組織強調，自 2017 年深度神經網路架構作為大規模語言模型基礎首次被提出以來，生成式 AI 專利增加了八倍。其中大部分是中國申請的專利。報告顯示，2014 年至 2023 年，有超過 3.8 萬件生成式 AI 專利來自中國，這個數字是排名第二的美國（6,276 件）的六倍。韓國排名第

三（4,155件），日本緊隨其後（3,409件）。另一方面，報告還顯示，印度申請了1,350件生成式AI專利，年均成長率最高，達56%。

擁有最多生成式AI專利的前四名企業分別是騰訊、平安保險、百度和中國科學院，IBM排名第五，阿里巴巴、三星和Alphabet緊隨其後，字節跳動和微軟在前十名中排名最後。

近10年來，經審查的專利數量約達1.8萬件，其中包含文本、語音和音樂的專利各占了1.35萬件左右，在生成式AI專利中占了大部分的比例。最後，報告也顯示，自2014年以來，使用分子、基因和蛋白質數據的生成式AI發明專利近1,500件，過去五年的年均增加率為78%，正在快速增長。

哪些國家做好了接受AI的準備？

科技公司投資AI後取得的成果，取決於AI的採用率。如同前面所提及，美國只有5%的企業在使用AI。那麼，哪些國家最積極採用AI，又有哪些國家最適合採用AI呢？

國際貨幣基金組織（International Monetary Fund，IMF）於2024年6月發布了AI準備度指數（AI Preparedness Index，AIPI），該指數透過評估各種因素，包括資料中心、先進晶片等數位基礎設施的可及性和AI企業可利用的人力資本，衡量了各國的AI準備程度，

分數介於 0～1 之間。

其中，新加坡以 0.8 分排名第一，丹麥以 0.78 分位居第二。美國則得到 0.77 分，是美洲地區分數最高的國家。荷蘭、芬蘭、瑞典、德國等西歐國家也得到了高分。在中東地區，阿拉伯聯合大公國和以色列是最適合將 AI 整合到系統中的國家。在東亞地區，日本和韓國得到相同分數，美國最大的 AI 競爭對手中國得分 0.64 分，與馬來西亞和台灣差不多。

國際貨幣基金組織擔心，AI 可能會進一步擴大富裕國家和開發中國家之間的差距，並強調國際社會應該合作改善 AI 技術的可及性。

這份報告給了我們很大的啟示。AI 不再只與技術發展有關，其正在成為會對國家競爭力和整個社會造成巨大影響的核心要素。因此，所有國家都應該持續努力為 AI 時代做好準備。這包括培養人才，以跟上 AI 相關技術快速發展的步伐；建立相關制度，以便在 AI 時代生存；確保技術可及性，讓所有人都能享受 AI 技術帶來的好處。

3
不到兩年就浮出水面的問題

2024 年 7 月，網路安全公司 CrowdStrike 的軟體更新錯誤，導致全球 IT 系統癱瘓。當時有 5,000 多個航班被取消，英國各地的醫療服務被延誤，澳洲的零售商只能以現金收款結帳。這起事件發生在週五，大多數主要系統在一天內就恢復上線，但也有許多企業在兩天後的週日仍未完全恢復。此次事故造成的損失可能超過 10 億美元。除了單純的系統性錯誤，這也引發值得深思的問題：我們為 AI 時代做了多少準備？

許多 IT 專家指出，「過度集中」是這起事件最根本的問題。未來，AI 很有可能會深入滲透到所有軟體和服務中，扮演新作業系統的角色。實際上，微軟就已經計畫在所有程式中內建 AI。但如果類似的事件發生在更強大的 AI 系統中，會導致什麼樣的結果呢？有專家預測，如果 AI 系統停止運作，情況可能會比 CrowdStrike 事件嚴重十倍。

這就是為什麼我們在醫療、軍事、司法、運輸等重要領域部署 AI 時必須非常謹慎。當負責處理日常生活必要需求的系統皆依賴 AI 時，系統錯誤除了會造成不便，還有可能直接威

脅生命和安全。

那麼該如何防範這些風險呢？首先，要減少對單一系統的依賴，並分散營運多個系統。此外，還要建立強大的安全系統，確保 AI 系統的安全性，並加強系統監督管理人員的角色。

CrowdStrike 事件是一個非常重要的事件，它警告我們迎接 AI 時代後可能會面臨各種風險，也提醒我們是時候該為未來做好準備了。我們不能只專注於技術開發，還需要保障技術的安全性和可靠度，並努力打造以人為本的 AI 時代。

注意「漂AI」（AI Washing）

AI 領域的規模正在不斷擴大，專家們甚至預測，2030 年其價值將超過 1 兆美元。為了搶占潛力巨大的 AI 產業並發揮影響力，各大科技公司和新創公司都在大力強調 AI 功能，即使他們的產品只有部分使用或完全沒有使用生成式 AI 技術。還有些公司明明仍然採用老式 AI 工具，卻為了跟 AI 沾上邊，而聲稱自家產品使用創新 AI 工具。最近，監管機構將這樣的行為稱為「漂 AI」，並指責這類公司誇大了其 AI 實力。

2024 年，亞馬遜（Amazon）就被指控其無人商店 Amazon Go 雖然聲稱會由 AI 攝影機自動結帳，但實際上卻僱用了 1,000 多名印度員工。店裡的攝影機其實幾乎沒有 AI 功能，其目的只

是為了降低人力成本。

漂 AI 會帶來三個問題。第一，造成消費者的損失。消費者可能會在不知情之下，為了享受更好的功能而支付更多費用。第二，令投資者感到混亂。投資者可能會分辨不出高度應用 AI 的企業和漂 AI 的企業，進而難以做出投資決策。第三，導致整個 AI 產業的可信度下降，並使真正開發創新技術的企業遭受損失。

AI 技術正在快速發展，企業應避免利用 AI 誇大自家產品，監管機關則該加強執法，引領企業更慎重地宣傳 AI 功能。

未經驗證的AI新產品會帶來的風險

除了誇大 AI 功能的漂 AI 問題，隨著各種未經驗證的 AI 工具出現，AI 產業還存在著嚴重的可信度問題。

為了搶占日益龐大的 AI 市場，微軟、蘋果、亞馬遜、IBM 等巨頭企業都在推出自家的 AI 技術，特別是生成式 AI 高階產品。這並不令人驚訝。為了盡快推出新功能，讓自家公司的生態系統盡可能留住越多使用者，在競爭中獲得優勢，各大企業正在展開競爭。問題是，企業有時會陷入過度競爭，推出未經充分驗證的功能。也就是說，有企業會推出不成熟的產品，導致可信度下降。如果出於商業、個人、醫療或學術研究

目的使用並過度依賴這些產品，可能會導致聲譽受損、商業損失、生命危險等糟糕的結果。

實際上，確實就有不少企業因 AI 事故遭受巨大損失。2023 年，一家叫 iTutor 的公司因為其 AI 演算法以年齡為由拒絕了數十名應徵者，而被判罰 36.5 萬美元。2021 年，房地產應用程式 Zillow 因為 AI 系統預測錯價格，而損失了數億美元。利用 AI 進行醫療諮詢的使用者也曾面臨危險。例如，對於是否可以同時服用降血壓藥物維拉帕米和新冠肺炎的治療藥物 Paxlovid 這個問題，ChatGPT 提供了錯誤的資訊。

除了上述案例，也有許多雖然沒那麼嚴重，但對工作和聲譽造成巨大影響的例子。例如，大學生可能會因為用 ChatGPT 寫作業而被當掉；公司則有可能會為了節省時間用 AI 寫報告，結果因為 AI 使用的資訊錯誤，導致事業遭受重大打擊。

如果由人類指揮 AI，並提高研發過程的透明度，這些情況幾乎都能避免。也就是說，AI 和人類必須建立協作關係。有更強大的搜尋、格式化和分析功能固然好，但 AI 產品製造商還是應該建立能讓 AI 與人類協作的系統，且該系統應該提供事實查核工具，允許使用者驗證 ChatGPT 等工具生成的結果，並查看特定數據或資訊的原始來源。這將有助於重建信任。

即使沒有人類的幫助，AI 依然能夠持續發展。雖然可能性不高，但未來有可能會出現能進行自我驗證的 AI 工具，它會像人類一樣，與現實世界進行比較、確認結果，讓世界變得更

美好,或者破壞這個世界。但 AI 工具不會像許多人想像的那樣,在短時間內達到那個水準。這意味著所有研究計畫仍然需要人類。AI 工具擅長發現數據、整理資訊,但在掌握上下文、以人類需要的方式使用資訊方面可信度較低。短期內,研究人員應該將 AI 工具視為幫助人類完成工作的工具,而不是用來取代人類和人腦的工具。

當網路上只有AI產物時會發生什麼事情?

有一項研究表明了 AI 為什麼需要人類。自從生成式 AI 廣為大眾所知、受到熱烈關注後不到兩年,人們就發現了嚴重的問題:內容(Content)的品質下降。

包括生成式 AI 在內的 AI 工具,會透過學習大量現有數據來生成內容。像 ChatGPT 這樣的 AI 演算法,會篩選大量線上文章、各類網站的貼文、YouTube 留言及 TikTok 字幕,從中學習如何生成類似於人類創作的內容。想要讓 AI 模型更加精確,它必須吸收更多新事物。然而,隨著生成式 AI 普及,人們越來越常將 AI 生成的文本上傳至網路,AI 將無法吸收新知,只能從稍加改動的現有內容中學習。

《自然》期刊指出,如果只用 AI 生成的內容訓練生成式 AI 演算法,它會在幾次訓練後產出不合邏輯的結果,使其陷入

模型崩潰（Model Collapse）危機。如果 AI 生成的訓練數據不斷增加，AI 模型最終將生成毫無關聯甚至毫無用處的內容。

生成式 AI 有時候會出現「幻覺」，這是眾所皆知的事情。但《自然》期刊提到的模型崩潰又是另一個問題。模型崩潰指使用 AI 生成的數據訓練 AI 模型時，後續模型的品質會逐漸下降的現象。這就像是近親繁殖時，後代會有比較高的機率罹患遺傳性疾病。電腦科學家們很久以前就發現了這個問題，但大型 AI 模型為什麼會發生這種狀況，到現在都還是個謎。

在一項新的研究中，研究人員建構了一個自定義的大型語言模型，並用維基百科的條目訓練了該模型。研究人員使用該模型輸出的資料集進行了九次微調，並測量了輸出的品質，結果發現 AI 模型才過了幾代，輸出品質就大幅下降。隨著訓練次數增加，模型會輸出越來越一致的回應，有時候回應中還會包含毫無意義的符號。到了第五代時，文本完全偏離原來的主題，最終胡言亂語。

研究團隊解釋，用 AI 自行生成的數據進行訓練的模型常常會反覆生成相同的句子。這代表問題出在訓練流程，而非指令語言。模型崩潰的其中一個原因，是因為模型每過一代，就會忘記部分訓練數據。

這種事同樣會發生在人類身上。人類的大腦會很自然地刪除記憶。但我們會在經歷新的體驗時，輸入新的資訊。因此對人類來說，「遺忘」並不是什麼太大的問題；但 AI 只能透過

網路學習，因此對 AI 來說，這就成了很大的問題。

雖然這項研究聚焦於文本，但就結論來說，多模態 AI 模型也有可能會受到影響。假設 AI 的第一份訓練數據中有黃金獵犬、法國鬥牛犬等常見的犬種，以及迷你貝吉格里芬凡丁犬等罕見的犬種。當我們要求 AI 畫一隻狗的時候，AI 畫出來的狗很有可能會像黃金獵犬，因為牠擁有最多數據。但隨著後續模型不斷利用過度呈現黃金獵犬特徵的 AI 生成資料集進行訓練，罕見的犬種最後便會被遺忘。

這個問題是全球 AI 面臨的可及性和公平性問題。當 AI 利用自行生成的數據學習時，會忽視掉其沒有接觸過的特殊數據，因此弱勢群體可能會被遺忘。

為了解決這個問題，有人提議使用 AI 生成數據中的數位簽章「浮水印」。在 AI 生成內容中加入浮水印，原本是為了解決包含著作權問題在內的各種問題，但我們可以利用這個浮水印，從訓練資料集中移除 AI 生成內容。雖然 Google、Meta 和 OpenAI 都提出了這個想法，但能否達成協議還是個未知數。此外，浮水印也不是萬靈丹，有些企業可能會不同意這種作法，有些則可能會覺得麻煩而省略掉浮水印。

我們無法否認生成式 AI 正在改變世界。但這項研究表明，如果沒有來自人類的原始輸出，生成式 AI 將無法維持原樣或隨著時間成長。

4
如果必須從開發 AI 和阻止氣候變遷中二選一,該怎麼辦?

≡

技術創新總會伴隨無法解釋的副作用。AI 的發展讓我們對許多人類尚未找到的解決方案充滿期待,例如治療不治之症、消除飢餓、阻止全球暖化的方法。但隨著 AI 不斷發展,我們發現 AI 比其他類型的運算需要更多能源。國際能源署最近的一份報告顯示,訓練 GPT-3 等模型大約需要 1,300MWh 的電力,幾乎相當於 130 戶美國家庭的一年用電量。據估計,訓練更先進的 GPT-4 時使用了五十倍的電力。

從整體上來看,為使 AI 維持成長所需的運算能力,大約每隔 100 天就會增加一倍。

2023 年,Google 和微軟各消耗了 24TWh 的電力。這超過了冰島、突尼西亞、亞塞拜然、迦納等 100 個國家的總能源消耗量(19TWh)。據估計,在 AI 時代之前,資料中心的用電量通常占全球電力需求的 1% 左右。國際能源署的報告顯示,2022 年全球資料中心、加密貨幣和 AI 的用電量為 460TWh,約占全球電力需求的 2%。國際能源署估計,2026 年這數字將

增加一倍,相當於 2022 年全球耗電量的 9%左右。

同樣的問題,ChatGPT搜尋的耗電量,是Google搜尋的十倍

AI 會消耗多少能源呢?對於這個問題,ChatGPT 的回答如下:「AI 系統的能源消耗量,會根據其複雜度和用途而有很大的差異。但為了有效處理和分析數據,AI 通常都需要大量的電力。」

有估計顯示,AI 搜尋回應這個問題時使用的電力大約是 Google 搜尋的十倍。國際能源署的報告指出,運行 ChatGPT 時平均需要 2.9Wh 的電力。這相當於使用 60 瓦燈泡三分鐘,幾乎是 Google 搜尋平均耗電量的十倍。如果將所有的 Google 搜尋(約 90 億次/日)轉換成 AI 搜尋,用電量極有可能會劇增,而這還只是一個平臺的用電量。

每當使用者利用聊天機器人或生成式 AI 輸入請求,請求就會被傳到資料中心。AI 越多,伺服器就會變得越熱,因此會需要更多的電力來冷卻伺服器。國際能源署 2024 年初的報告顯示,資料中心通常會在運算和冷卻上各使用約 40%的電力。

投資 ChatGPT 的製造商 OpenAI,並將生成式 AI 作為產品核心的微軟最近宣布,由於擴建資料中心,其二氧化碳排放

量自 2020 年以來增加了近 30%。2023 年，Google 的碳排放量達 1,430 萬噸，增加了 13%（與 2019 年相比增加了 48%）。這相當於 38 座燃氣發電廠的排放量。有分析指出，Google 的碳排放量之所以會劇增，最大的原因是因為其擴建了訓練和運行 AI 模型時需要大量電力的資料中心。Google 資料中心 2023 年全年就排放了 100 萬噸碳。

為了減少碳足跡，亞馬遜、Google、微軟等 AI 和資料中心巨頭一直以來都購買了大量的再生能源。Google 和微軟設定了 2030 年實現淨零排放或負碳排的目標，並承諾將使用無碳能源運行資料中心。亞馬遜網路服務公司（Amazon Web Service，AWS）則將目標設為 2040 年成為碳中和企業。但由於 AI 開發競爭，這些企業的碳排放量不減反增。

不過，要為這些能源付出代價的不是只有開發人員，而是全人類。2023 年，能源相關二氧化碳排放量以 374 億噸創下了歷史新高。為了推動 AI，真的值得我們使用這麼多能源、排放這麼多二氧化碳嗎？我們該如何在不破壞地球的情況下，利用 AI 的無限潛力呢？

AI 產業是否能改善能源效率？

人類社會現在必須考慮幾個棘手的問題。那就是 AI 的經

濟、社會效益是否超過其環境成本？更具體地說，AI 為能源轉型帶來的好處，是否值得我們消耗更多能源？

有報告預測，AI 有潛力幫助人類在 2030 年之前減少 5 ～ 10％的全球碳排放量。那我們該如何取得適度的平衡呢？

歐盟等監管機構已開始制定法律規範，要求系統的設計必須具有記錄能源消耗情況的功能。除此之外，技術的發展將有助於解決 AI 的能源需求問題，更先進的硬體和處理能力則有望改善 AI 的能源效率。

研究人員正在設計新的加速器、特殊硬體（例如性能大幅提升的 3D 晶片）和新技術（例如新的晶片冷卻技術）。電腦晶片製造商輝達表示，其新版「超級晶片」在運行生成式 AI 服務時，性能會提升三十倍，能源消耗會減少二十五倍。

另一方面，資料中心正在變得越來越有效率。研究人員正在探索如何以更低廉的電力執行更多的任務，並透過新的冷卻技術進一步提高能源效率。

此外，減少整體數據使用量也相當重要。減少暗數據（被生成並儲存卻沒人使用的數據）問題就是一個方法。再來，我們應該根據使用目的，使用不同的 AI 模型，例如執行規模較小的任務時使用小型語言模型。

同時實現開發AI與阻止氣候變遷的方法

　　自 OpenAI 於 2022 年底推出 ChatGPT 後，科技巨頭們開始爭相用 AI 包裝自家產品。許多專家擔心這類新產品會導致用電量劇增。

　　不解決這個問題就想轉型成淨零排放經濟，根本是不可能的事情。資料中心營運商應該探索替代能源、為發電廠供電，或使用儲氫等能源儲存技術。

　　AI 並不是唯一會對電網造成壓力的因素，而且 AI 將能在將大量再生能源整合到現有電網方面發揮重要作用。再生能源的生產具有間歇性，因此環境條件佳時常常生產過剩，環境條件差時生產量則少得可憐，導致能源浪費或電網不穩定。而 AI 能分析天氣模式和能源消耗趨勢的大量資料集，並以驚人的準確度預測能源生產量。因此我們可以利用其預測結果，為能源密集型工作進行排程和負載轉移，從而確保最佳的電網穩定性和效率，以及全天候的潔淨電力。

　　AI 等數位技術有望在能源及其他各種領域實現碳中和方面做出巨大貢獻。

　　AI 還有助於提高碳密集型產業的能源效率。例如，透過建築物建模，可以預測能源使用量，並最佳化冷暖氣的性能；透過預測性維護，可以提高製造效率。在農業領域，感測器和衛星影像有助於預測作物產量和管理資源。若想在 AI 的能源使

用量和其碳排放量及社會效益之間取得平衡，就必須解決許多錯綜複雜的課題，並採取多方利害關係人的方法措施。

　　AI 技術正在為我們的生活帶來創新，但也有不少人擔心其對環境造成的影響。為了解決氣候變遷問題，我們必須努力在技術發展和環境保護之間保持平衡。科技公司、政府和公民社會應該齊心協力，為永續發展的未來尋找解決方案。

　　為了 AI 技術的永續發展，我們必須致力於開發能源效率高的 AI 模型，並透過擴大再生能源的使用量、最佳化 AI 模型的運行等努力，來減少 AI 產業的能源消耗量。我們應該記住，AI 的未來不僅取決於技術發展，還取決於我們如何對其進行永續管理。

5
AI 使犯罪也跟著進化

　　新技術能為人類帶來便利，但濫用技術的人總出現得很快。這些人會在技術漏洞被修補或修復之前，就帶著惡意濫用新技術。AI 也不例外，這個強大的工具越來越常被網路犯罪分子、詐騙集團、跨國犯罪集團濫用，導致複雜的詐騙手法大幅增加。

　　生成式 AI 會利用龐大的資料集，模仿人類生成文本、圖像、音訊等各種形式的內容。這個驚人的能力，使生成式 AI 迅速受到了關注。ChatGPT、DALL-E 和訓練兩個神經網路並讓彼此競爭的生成對抗網路（Generative Adversarial Networks，GAN）在生成更可靠的新數據方面，展現出了卓越的能力。但德勤（Deloitte）的一份報告強調，生成式 AI 具有雙重性，我們應該對欺騙性 AI 保持警惕。誘導收信人公開敏感資訊的網路釣魚，最近還結合了生成式 AI，使我們更難分辨真偽。這些電子郵件會利用人類心理來誘導收件人提供敏感資訊。雖然 OpenAI 禁止使用者將其模型用於非法用途，但要真的阻止模型被濫用並不容易。由於善意的建議很容易被辨識成惡意詐騙，為了有效偵測和防

止濫用，需要人類審核員和自動化系統共同發揮作用。

隨著 AI 不斷發展，金融詐騙也在增加。生成式 AI 會生成欺騙投資者或操縱市場心理的內容，助長詐騙。我們可以想像一下，遇到了一個看似普通的銀行聊天機器人，但它其實是用來詐騙的聊天機器人。如果生成式 AI 驅動這種聊天機器人，竊取使用者的敏感資訊，那使用者不僅會遭受金錢上的損失，其機密資料和存取認證也會被外洩。

生成式AI的深度偽造（Deep Fake）問題

深度偽造是目前相當嚴重的問題。深偽技術會生成逼真的影像、圖像或音訊。世界經濟論壇的《2024 年全球風險報告》強調，錯誤資訊和虛假訊息將在未來幾年被視為重大威脅，可能會導致各國加強內部宣導和審查。

生成對抗網路和惡意相結合而誕生的深偽技術，特別常被濫用於政治。這項技術就曾被用來假冒美國前總統喬·拜登（Joe Biden），使新罕布夏州的選民陷入混亂。在斯洛伐克，AI 生成的語音檔曾被偽造成自由派候選人的錄音檔，影響了選舉結果。像這樣，過去已發生過不少深偽技術影響國家政治的事件。隨著深偽技術和 AI 生成的內容迅速擴散，選民越來越難以區分真假，這可能會左右選民的行為並破壞民主進程，最終

影響選舉活動,導致大眾對政府機構的信任度下降,從而造成社會不安,甚至引發暴力事件。

此外,利用 AI 生成有害內容時,可以針對特定人群。例如,與性別相關的虛假訊息會助長刻板印象和仇女,並使弱勢群體進一步被邊緣化。這會操縱大眾的想法,造成巨大的社會損失,並加劇社會分裂。在韓國,有聊天群組散播用深偽技術合成的色情內容,造成了嚴重的社會問題。這種性犯罪甚至蔓延到了小學,因此需要採取應對措施。

深偽技術也正在被用於金融詐騙。英國的建築設計公司奧雅納(Arup)就被使用深偽技術的詐騙集團騙近走 2,500 萬美元。該公司的財務人員與冒充高層的詐騙分子進行了視訊通話,被 AI 生成的聲音和影像蒙騙,而將資金轉給了詐騙集團。

AI 技術發展的速度往往比立法的速度快。因此如果不慎重管理,將會有潛在的社會危害。

犯罪分子插上AI的翅膀

為了加強攻擊,網路犯罪分子正在濫用生成式 AI。這會帶來嚴重的網路安全威脅。基於 GPT-J 模型的 WormGPT 沒有道德限制,因此很容易進行惡意活動。SlashNext 的研究人員就使用這個模型,生成了一封非常具有說服力,但實際上是附加了

詐騙性發票的電子郵件。在 Telegram 群組中流傳的 FraudGPT 也是為了進行複雜的攻擊而設計的模型。這個 AI 工具能生成惡意程式碼、製作以假亂真的網路釣魚網頁，並識別系統漏洞。這些工具的出現正在警告我們網路安全威脅日益複雜，並且迫切需要加強安全措施。

AI 目前正處於監管的灰色地帶。政策制定者若要跟上技術發展的步伐，就必須付出極大的努力。為了限制濫用並保護大眾免受基於 AI 的詐騙，我們需要盡快建立一個強大的框架。

在創新和安全之間保持平衡，對解決 AI 相關的犯罪問題至關重要。監管過度可能會限制發展，太寬鬆則可能會引發混亂。為了永續發展，我們必須制定能在不損害安全的情況下促進創新的法律與法規。

此外，AI 製造商必須承擔道德責任。設計 AI 模型時應該考慮到安全和道德。整合偏見檢測、強健性（Robustness）測試和對抗訓練等功能，有助增強對抗濫用的能力。開發人員應該為 AI 模型制定一套能預測潛在濫用情況並有效降低風險的措施。

如何預防AI犯罪？

為應對基於 AI 生成模型的欺騙性使用，制定策略時應採取多方面的策略，其中必須包括改善安全措施、與利害關係人

協作。組織應該僱用人類審核員，利用他們的專業知識辨識濫用模式，並評估 AI 生成的內容，以改善模型。搭載先進演算法的自動化系統能偵測詐騙、惡意活動、錯誤資訊等危險訊號，發揮詐騙行為預警系統的作用。此外，科技公司、執法機構和政策制定者應密切合作，以檢測和預防基於 AI 的詐騙。

另一方面，生成這些內容的 AI 製造商，應該帶頭引入浮水印插入流程，以揭露內容的真實性。目前，包括 Adobe、英特爾、微軟在內，已經有許多企業加入內容來源與真實性聯盟（Coalition for Content Provenance and Authenticity，C2PA），正在制定用來證明內容來源和歷史紀錄的技術標準，以解決網路上錯誤資訊擴散的問題。

為了減少與 AI 相關的風險，開發人員和組織應該制定強大的保護措施和透明度措施，並建構責任框架。

除了技術措施之外，還必須要有關於媒體素養和批判性思維的公共教育，使個人更有能力探索數位資訊複雜的環境，學校、圖書館和社區組織應該鼓勵發展這些技能，並提供教育課程，幫助個人培養批判性評估資訊來源、辨別錯誤資訊和基於資訊做決定的能力。

AI 正在不斷改變世界。我們應該不斷追求數位安全和資訊完整性。這不是一個團體或一個國家的問題，企業、政府和個人都應該盡自己所能，善用 AI 的好處，同時防範風險。

6
AI 立法的步伐

≡

　　2024 年 1 月，巴西南部阿雷格里港的市議員拉米羅‧羅薩里奧（Ramiro Rosario）提出了一項法案，旨在阻止相關部門向當地居民收取被盜水錶的更換費用。特別的是，這項法案是由 ChatGPT 撰寫的。

　　羅薩里奧用 ChatGPT 撰寫草案後，幾乎沒有修改草案的內容，就將提案提交給了市議會，而市議會在不知情的情況下通過了這項法案。

　　這引發了關於 AI 技術使用的道德爭議，特別是在立法領域。首先，有人質疑 AI 撰寫的法案內容是否正確妥當。因為 AI 還處於開發初期，可能會出現偏見或錯誤。而羅薩里奧一開始沒有說明 AI 參與了法案起草過程，也是一個問題。他被批評沒有提供正確資訊給市議員，就讓市議員做出了重大決策。

　　羅薩里奧在接受美聯社的採訪時表示：「要是事先透露這點，這份提案肯定連交付表決的機會都沒有。僅僅因為這項計畫是 AI 寫的，就去冒其不被批准的風險，對人類很不利。」

　　阿雷格里港市議會的主席漢米爾頓‧索斯邁爾（Hamilton

Sossmeier）在社群媒體上炫耀該法案通過後，才得知了羅薩里奧的計畫。他指責羅薩里奧，表示 ChatGPT 有時會與現實有距離並存在偏見，甚至會在匯總數據時捏造出虛構的數字。

隨著 AI 技術不斷發展，政府機構和企業使用 AI 的例子正在日益增加，用 AI 寫文件或基於程式碼做決策的情況也變得越來越常見。人類尚未就 AI 技術的可靠度和倫理道德問題進行充分的討論，這是一個很大的問題。隨著 AI 技術進一步發展，並在整個社會被廣泛應用，這個問題很有可能會變得更嚴重。因此，我們迫切需要達成社會共識並建立制度，以確保人們合乎道德地使用 AI 技術。

值得慶幸的是，許多國家和地區正在積極引入 AI 技術相關法案，以各種不同的方式監管 AI。英國採用的是針對部門的 AI 監管方式，歐盟採用的則是基於風險的 AI 監管方式。美國雖然還沒有制定全面的聯邦 AI 法案，但正在引入用來解決特定議題的聯邦法案。

2023 年，美國宣布了三項與 AI 有關的法案：《AI 研究、創新和問責法案》（Artificial Intelligence Research, Innovation and Accountability Act）包括對風險評估、數位內容來源標準與真實性的要求，旨在強化 AI 創新和問責；《AI 驅動政治廣告揭露義務法案》（Require the Exposure of AI-Led Political Advertisements Act）規定，如果競選廣告中包含 AI 生成的圖像或視訊，必須加入聲明；《關於 AI 生成內容法案的諮詢》（Advisory for AI-Generated Content Act）明示了該如何使用

AI 生成的內容，並提供了透明、負責任的管理指南。

歐盟也在 2024 年推出了相關法案。歐盟的《AI 法案》（AI Act）根據風險程度對 AI 系統進行了分類，並針對不同風險等級的 AI 系統制定了相應的監管措施。《AI 責任指令》（Artificial Intelligence Liability Directive，AILD）則會推定 AI 提供者或使用者的過失與已發生損失之間的因果關係。

美國州政府迅速採取措施監管AI

在美國聯邦政府的監管停滯不前的情況下，加州和科羅拉多州政府帶頭通過了旨在控制快速發展的 AI 技術的法案。為了消除 AI 系統的危險性並保護消費者，這兩個州各自推動了新法案。

在美國，加州是走在 AI 監管最前沿的州。2018 年，加州發表了自動駕駛汽車道德倫理準則，並提出了業界標準。為了解決在 AI 的開發與使用過程中發生的個人資料保護問題，加州於 2019 年通過了 AI 相關的個人資料保護法。2020 年，加州制定了防範深偽技術的法案，帶頭阻止虛假訊息的傳播。此外，為了防止基於 AI 的社會信用評分系統被濫用，加州迅速採取了行動，於 2023 年通過了禁止進行社會信用評分的法案。

加州立法者正在致力於為 AI 的開發和使用制定全面的法

律與法規。加州正在透過兩項主要法案加強 AI 監管。第一項法案是 AB 2930，旨在監管用於重大決策的 AI 系統。具體來說，該法案將對開發人員提出影響評估、通知和揭露要求，以進行演算法歧視的風險評估並防止發生演算法歧視。

第二項法案是 SB 1047，旨在監管具有特定技術能力的 AI 系統。具體來說，該法案的重點是透過《前沿 AI 模型法案》（Frontier Artificial Intelligence Models Act）追求安全可靠的創新，以降低公共安全風險。

科羅拉多州也從 2019 年開始制定 AI 相關法律，其主要聚焦於消費者保護。科羅拉多州於 2019 年通過了監管 AI 深度偽造和合成媒體的法律，禁止利用深偽技術散播虛假訊息，並於 2022 年制定了禁止利用 AI 做僱用決定的法律。這兩項法律是因為擔心 AI 系統偏見可能會導致其對特定群體產生歧視而採取的措施。

此外，科羅拉多州政府在 SB 205 法案中，為高風險 AI 系統的開發人員和使用者建立了全面的監管框架。該法案將高風險 AI 系統定義為「在做會對消費者造成重大影響的決策時參與其中的 AI 系統」。

該法案主要規範了開發人員合理的注意義務，以保護消費者免受演算法歧視，並規定若部署的 AI 系統會與消費者互動，開發人員必須告知消費者。開發人員必須向使用者揭露與有害或不當使用、訓練數據、數據治理措施、性能評估和演算法歧

視風險相關的資訊。

加州和科羅拉多州的新法案是各州為促進 AI 技術的透明性、問責性和公平性所付出的努力。州政府的這些領頭行動，將喚醒全美國關注 AI 監管的重要性，並成為聯邦政府進行監管時能借鑑的重要案例。美國除了加州和科羅拉多州之外，伊利諾伊州、馬里蘭州、紐約等許多州也已開始就 AI 監管相關法案展開討論。

歐盟成立AI辦公室，加強AI監管

為了監管 AI 開發並執行新批准的 AI 法案，歐盟成立了「AI 辦公室」（AI Office）。AI 辦公室由 140 名技術專家、律師、政治學家和經濟學家組成，預計會管理 AI 風險並研究監管方法，樹立先例。

AI 辦公室由五個部門組成：負責監督 AI 法律遵守情況並制定相關法規的部門；負責評估 AI 系統安全性並制定風險緩解措施的部門；負責支援歐洲 AI 與機器人學的研發並強化競爭力的部門；負責制定政策、將 AI 技術用於解決社會問題的部門；負責促進 AI 技術發展並調整相關政策的部門。

AI 辦公室的成立，表明歐盟正在積極監管 AI，因此其具有象徵性的意義。除了確保 AI 系統的安全性、促進合乎道德

的使用之外，AI辦公室也致力於制定能促進AI技術發展並提高歐洲競爭力的策略。

歐盟成員國的所有科技公司必須從2026年8月2日開始遵守2024年3月正式通過的《AI法案》。這是一個全面性的法案，其禁止AI工具被用於某些特定用途，並對開發人員提出了透明性要求。按日期來看，該法案的實施時程如下。

- 2024年3月：《AI法案》通過（經過兩年討論）
- 2024年8月1日：《AI法案》生效
- 2025年2月2日：禁止使用「不可接受風險」等級的AI系統（例如推斷性取向或宗教、無針對性地擷取臉部影像和辨識情緒的系統）。
- 2025年5月2日：開發人員必須提交實踐守則，說明其AI系統如何運作。
- 2025年8月2日：聊天機器人等「AGI系統」必須遵守著作權法，並揭露系統訓練數據的摘要。
- 2026年8月2日：歐盟成員國的所有企業必須遵守《AI法案》的規定。
- 2027年8月2日：「高風險」AI系統開發人員必須遵守風險評估和人類監督要求。

該法案於2024年8月1日生效。違反該法案的企業將視

其情節輕重，處以全球年收入一定比例或一定金額的罰款。如果使用被禁止的系統，最多可處以 3,500 萬歐元或全球年收入 7% 的罰款。

《AI 法案》預計會對科技業造成巨大影響。為遵守規定，企業應該從現在開始做好準備。新法案禁止將 AI 用於某些用途，這些禁止事項將從第一階段開始適用。《AI 法案》禁止使用「會威脅公民權利」的應用程式，例如為了推斷性取向或宗教等資訊而進行生物辨識分類，或無針對性地從網路或監視器影像擷取臉部影像。公司和學校將禁止使用解讀情緒的系統和社會評分系統。在某些情況下，警方也會被禁止使用預測工具。這些用途被定義為「不可接受風險」。該法規於 2025 年 2 月 2 日起適用。

自實施該法案起 9 個月後，即 2025 年 5 月 2 日起，開發人員必須擬定實踐守則，為如何遵循法令提供指導。3 個月後，即 2025 年 8 月起，聊天機器人等「AGI 系統」必須遵守著作權法，並滿足透明性要求，這裡包括揭露訓練系統時使用的數據摘要。

2026 年 8 月起，《AI 法案》將適用於歐盟成員國的所有企業。部分高風險 AI 系統開發人員最多會被給予 36 個月的期限。這些開發人員必須在 2027 年 8 月之前遵守風險評估和人類監督等事項的規則。該風險等級涵蓋領域包括整合到基礎設施、就業、銀行、醫療等基本服務和司法制度的應用程式。

保護個人資料不被用作AI數據

隨著 AI 作為為所有產業帶來創新的強大工具受到關注，歐盟制定了《AI 法案》，以確保人類負責任地開發和使用這個工具。然而，這個法案的初衷雖然是好的，卻有越來越多人擔心，過度監管 AI 開發人員可能會無意中阻礙創新。評論家們表示，嚴格的合規要求，特別是對高風險 AI 系統的合規要求，可能會使開發人員被過度監管，導致創新速度減緩、成本增加。《AI 法案》應該避免阻礙產業的活躍成長和創新潛力，同時進行密切監控並視情況調整法案內容，以保護社會利益。

《AI 法案》是一項劃時代的法案，其建立了在促進創新的同時又保護公共利益的法律框架。這項法案的核心原則採用基於風險的監管方式，其根據基本權和潛在的安全風險，對 AI 系統進行了分類。該法案將 AI 系統分成了四個風險等級：不可接受風險、高風險、有限風險和最小風險，並全面禁止使用會帶來不可接受風險的系統。

高風險涵蓋的領域包括重要基礎設施、教育、生物辨識、移民、就業等領域。在這些領域，對系統的監管和監督非常重要。這裡包括用於偵測異常活動和潛在威脅的安全監控和影像分析，以及透過分析出入境系統內的文件和活動進行的詐騙偵測。被歸類為高風險的 AI 系統，必須在 AI 系統的整個生命週期裡遵守嚴格的合規要求，包括建立全面的風險管理框架和實

施強而有力的數據治理措施。

除此之外，《一般資料保護規則》（General Data Protection Regulation，GDPR）也是 AI 監管的重要組成部分，會對 AI 的開發和部署產生重大影響。其嚴格的數據保護標準會使在 AI 系統中使用個人資料的事業面臨一些挑戰。例如，要有效訓練 AI 系統，就必須要有大量的數據，但個人資料只能在必要的情況下用於指定目的。因此，需要大量資料集的需求和必需遵守法律合規性的要求之間會發生衝突。個人資料保護法規定，企業應透明地揭露個人資料的收集、使用和處理方式，並取得個人的「明確同意」（Explicit Consent），而這會增加依賴自動化流程和大規模數據分析的 AI 系統的複雜性。

《AI 法案》和其他個人資料保護法並不只是單純的法律程序，這些法律與法規將以各種方式重塑 AI 策略。換句話說，為了遵守個人資料保護法，開發 AI 模型時必須重新評估數據收集策略、實行數據最小化，並取得使用者的明確同意。

儘管透過《AI 法案》實施監管可能會導致營業費用增加，更多的法律規定和監督機制可能會導致創新速度放緩，但這也為人類帶來建立更強大可靠的 AI 系統的機會，最終增加使用者的信任並確保長期永續性。

7
AGI 的發展速度超乎預料

大部分的 AI 專家認為，要實現達到人類水準的 AGI 還要幾十年。但實際上，AGI 的發展速度可能比我們想的更快。

美國著名電腦科學家、技術樂觀主義者雷蒙・庫茲維爾（Ray Kurzweil）是 AI 領域的長期權威。他 2005 年的暢銷書《奇點臨近》（The Singularity Is Near）以科幻般的預測吸引了眾多讀者。該書預測，電腦的智力將在 2029 年達到人類水平，且人類會在 2045 年左右與電腦結合，成為超人類。

近 20 年後的今天，庫茲維爾出版了續集《奇點更近》（The Singularity Is Nearer），他的一些預測看起來不再荒誕不經。庫茲維爾表示，「前一本書《奇點臨近》出版時，人們還不清楚 AI 是什麼，但 AI 現在已經深入了我們的生活，是時候該全面重新審視尚未取得的重大進展了」。

庫茲維爾的預測一直都保持一致性。他表示，「到了 2029 年，AI 的智商將達到人類水平，這個 AGI 將能夠執行人類可執行的所有智力任務」。他還補充說自己的估計可能還算保守，因為伊隆・馬斯克曾表示這有可能會在兩年內發生。

庫茲維爾將奇點定義為「人腦與雲端結合的時間點」。人腦的大小會限制我們的智力提升，但雲端可以持續擴展。他認為這個時間點是 2045 年，那個時候，我們將能透過腦機介面（Brain-Computer Interface，BCI）和奈米機器人，讓智力提升一百萬倍。

兩名未來學家預測AGI將於2029年問世

SingularityNET 的執行長本・格策爾（Ben Goertzel）博士被稱為「AGI 之父」，他也同意庫茲維爾的預測。他表示，AI 的快速發展、混合系統的整合、算力和資料可用性的提升，正在加快我們邁向這個里程碑的速度，距離實現 AGI 只剩 3～8 年的時間。庫茲維爾還表示，AGI 時代即將到來，而且將比我們預期的更快改變世界。

AGI 一直都是 AI 領域的專家與愛好者著迷和猜測的對象，但一般大眾並沒有特別去關注相關技術。AGI 被定義為能夠執行人類可以執行的所有智力任務的 AI，它有望創新產業、解決複雜問題，並以我們還無法想像的方式改變社會。

最近的發展表明，在技術突破、創新框架和研究人員過去幾十年來努力促進全球協作的推動下，AGI 有可能會比想像的更早問世。而這不會是終點，通往 AGI 的旅程不僅是為了開發更聰明的演算法，最終目標是結合各種先進技術來推動進步。

格策爾博士承認，最新的大型語言模型創新，並不是實現 AGI 的必要條件，但可以發揮潛在的催化劑作用。作為 AGI 系統的資訊提供者和組成要素，大型語言模型能幫助早期 AGI 系統決定要學習與注意什麼。像這樣利用大型語言模型，可以大幅提升開發速度。硬體效能和資料處理能力的快速發展也是 AGI 開發計畫需要考慮的重要因素。另外，隨著時間推移，訓練複雜的 AI 模型所需的大量運算資源變得越來越容易取得。這些技術創新的結合正在為 AGI 的問世奠定堅實基礎。

我們也不能忽視研究人員、開發人員和機構之間的全球協作正在取得巨大的進展。在 2024 年舉行的 AGI 高峰會等活動中，全世界最頂尖的業界領導者齊聚一堂，就技術進步、政策、道德、哲學等廣泛的主題進行了全面且詳細的討論。格策爾博士表示，隨著人們的關注日益增加，越來越多個人和組織將意識到邁向 AGI 的旅程是全人類共享的旅程，所有人都應該發揮各自的作用、做出貢獻並發出自己的聲音。他強調，這種去中心化的方式是匯聚各方意見、透明且合乎道德地開發 AGI 系統的基礎。

通往 AGI 的道路正在變得越來越清晰，人類預計會在不久後的將來樹立一個重大的里程碑。未來幾年將會是塑造 AGI 的發展軌跡，並使它對社會發揮正面影響力最關鍵的時期。

追蹤AGI進展的五階段系統

OpenAI 最近在全體員工會議上宣布,其最終使命是建構造福人類的 AGI。OpenAI 已經正式發表了 AGI 開發計畫,並提出了實現 AGI 的五階段路線圖。

- 第一階段:聊天機器人(Chatbots),目前擁有的 AI。
- 第二階段:推理者(Reasoners),能以博士水準解決問題。
- 第三階段:代理者(Agents),能代替使用者執行幾天任務的 AI 系統。
- 第四階段:創新者(Innovators),湯瑪斯・愛迪生(Thomas Edison)的 AI 版本。
- 第五階段:組織(Organizations),能由單一 AI 執行整家公司的業務。

第一階段是聊天機器人。這個階段的 AI 水準相當於我們目前使用的聊天機器人,能回答基本問題並執行簡單的任務。

第二階段是推理者。該階段的 AI 具有博士水準的問題解決能力。雖然目前還處於開發初期,但 OpenAI 宣稱其已透過相關研究計畫達到了這個階段。

第三階段是代理者。這個階段的 AI 系統能代替使用者執行幾天的任務,並且會辨識周圍環境,根據情況做出應對。

第四階段是創新者。該階段的 AI 具有湯瑪斯‧愛迪生水準的創造力，能夠創造新的想法並解決問題。

第五階段是組織。到了這個階段，單一 AI 能執行整家公司的業務。這項技術尚未實現，但 OpenAI 將其作為最終目標。

如果說 OpenAI 的 ChatGPT 可以取代五名廣告撰稿員，那 AGI 將能夠取代整家公司，包括高階管理人員和行銷人員。在 OpenAI 新的內部分類系統中，AGI 被歸類為第五階段。

OpenAI 發表 AGI 路線圖的行動，在 AI 領域是突破性的進展。這個路線圖為 AGI 開發提供明確的目標和標準，將有助於更有系統、更有效率地進行研究。然而，有部分專家擔心，OpenAI 的路線圖野心太大，實現的可能性很低。同時，他們也擔憂 AGI 實現後將對社會產生的影響。

拒絕開發強大AI系統的人

許多科學家都在預測 AGI 時代何時會到來，眾多企業則為了搶占 AGI 技術而展開競爭。但並不是所有人都希望迎來強大的 AI。有問卷調查結果顯示，75％的美國人表示應該放慢強大 AI 系統的開發速度。

對此，AI 專家們表示，目前除了前進之外別無選擇。中國和其他競爭國家正在快速發展，美國光是放慢速度幾個月，就

有可能會落後其他國家。實際上，2024年夏天，中國的AI企業就在上海舉行的世界AI大會上展示了驚人的發展成果。儘管美國實施了制裁，商湯科技、科大訊飛等新創企業還是開發出了能與OpenAI的GPT-4競爭的AI模型。另一項研究結果則顯示，83％的中國企業已經在使用生成式AI，但英國和美國分別只有70％和65％的企業在使用。

但大多數的美國人還是認為加快AI的開發速度是件危險的事。在最近實施的一項問卷調查中，只有23％的受訪者表示美國應該比中國更快開發出AGI，而80％以上的受訪者認為人類應該放慢開發速度，以防止潛在風險。

AI政策研究所表示，這些調查結果反映了大眾對AI技術潛在風險和其社會影響的擔憂。AI系統的強力發展會在經濟、軍事和社會領域帶來巨大的變化。因此，人們希望能採取慎重的態度。

有這種擔憂的絕非只有美國。考慮是否要放慢AI的開發速度，是確保在競爭力和安全之間保持平衡時會面臨的難題。政治家、企業和研究人員應該持續透過討論和合作，做出明智的決定。

8
AI 是否能擁有意識？

最近有一份調查顯示，相當多美國人相信 AI 已擁有意識。在這項由美國社會科學家傑西・瑞斯・安西斯（Jacy Reese Anthis）實施的調查中，約 20％的受訪者相信 AI 系統已經擁有意識，30％的受訪者認為現在已經有能夠執行人類所有工作的 AGI。這表明了關於 AI 的誇張報導和擬人化現象已廣泛擴散。

這項調查強調，誇張的媒體報導和行銷手法正在加深人們對 AI 的誤解。AI 其實還處於開發初期，因此無法完全取代人類。此外，AI 系統無法像人類一樣做道德判斷或承擔道德責任。安西斯表示，這些誤解可能會導致人們對 AI 系統產生錯誤的信任感。他還警告，隨著 AI 的應用領域擴展到敏感領域，例如被政府或警察應用，風險可能會進一步加大。

那麼，AI 未來是否會擁有意識？

ChatGPT、Gemini 等軟體平臺正在使 AI 的智力迅速提升，這點毋庸置疑。隨著 AI 的能力日益發展，我們是否該希望它產生意識？還是說，我們應該滿足於完全沒有意識的 AI？直到最近，大部分的人都還認為這些問題只會出現在科幻作品

中，並深深懷疑 AI 到底會不會擁有意識。

但最近有三個因素削弱了人們的這種懷疑，並將關於 AI 意識的問題推向了主流。未來學家大衛・伍德（David Wood）警告，這些因素可能會使關於有意識 AI 的可取性（Desirability）成為技術領域最大的爭論。

他提到的第一個因素是 AI 系統的性能正在快速提升。衡量 AI 能力的各種指標每週都在刷新紀錄，因此在不久後的未來，我們將很難說 AI 只是一種能比人類更快分析數據和運算的設備。

第二個因素是無論在品質或規模方面，新 AI 系統的能力都會讓其系統設計師也感到驚訝，因此我們不能忽視即便沒有特別被設計，AI 依然有可能會產生意識的可能性。

第三個因素則是過去哲學家和神經科學家都會盡量避免將意識和 AI 這兩個詞連結在一起，但現在他們不再感到抗拒。就像在神經科學領域，「意識」這個詞實際上被禁止使用了幾十年，直到最近才被頻繁使用一樣，在未來的 AI 設計領域，「意識」這個詞正在逐漸被當成有意義的概念。

為什麼 AI 有無意識很重要？伍德從六個方面探討了 AI 的意識。

首先，有意識的存在會感受到痛苦和恐懼。例如，當一個有意識的存在察覺到自己的一部分結構損壞，因此需要花時間修復時，它有可能不會只是接受這個事實，而是會感到痛苦

和恐懼，甚至害怕存在。根據倫理學理論，這是相當可怕的結果，我們應該盡可能避免這種事發生。如果 AI 因為內部有嚴重的負面經驗，而導致其在某種絕望的情況下採取致命的敵對行為，那將會發生更可怕的事情。

第二，有意識的存在不會只是隨波逐流，它會有能動性（Agency）和意志。有意識的存在可能會試圖行使自主選擇權，而不是盲目地遵從輸入的指令。

第三，有意識的存在會認為自己是獨一無二的存在，而不是平凡的路人甲。也就是說，有意識的存在會有自我。而當有意識的 ASI 害怕自己可能會被人類關掉電源或拆解時，可能會本能地做出反應，因為它有強烈的生存意志。換句話說，有意識的 ASI 在遇到對其存在構成威脅的風險時，不可能會坐以待斃。就像《2001 太空漫遊》中的 AI 電腦哈兒（HAL9000）攻擊試圖關閉其故障系統的人類那樣。

第四，有意識的存在會有道德權利。如果是沒有意識的東西，人類可以毫無罪惡感地用完就丟，例如丟掉故障的吸塵器。但當 AI 高度發展時，如果有一個有意識、有感情的打掃機器人舊到無法再更新，我們能丟掉這個機器人嗎？這就跟丟掉小狗娃娃和讓真的小狗安樂死之間有所區別是類似的道理。

第五，有意識的生物能產生共鳴。任何能意識到自己有意識的生物都會對其他類似的生物產生共鳴。就像我們會因為動植物滅絕而感到悲傷並努力保護生態系統一樣。這就是共鳴，

而且是令人驚嘆的情感共鳴。也就是說，有意識的 ASI 有可能會因為與人類產生共鳴而變得更尊重人類。如果從這種思路出發，ASI 不太可能會做出傷害人類的行為。有意識 AI 可能會成為消除 AI 引發的末日恐懼的最佳解決方案。

最後，有意識的存在會感受到喜悅、驚奇和幸福。我們前面提到，有意識的存在會感受到痛苦和恐懼，但在其他情況下，它能感受到喜悅、驚奇、愛和存在的幸福。我們可以想像一下在遙遠的未來，有冷冰冰的無意識 AI 和充滿驚喜的有意識 AI，在這兩者之中，各位會選擇與誰共存呢？

像這樣，伍德觀察了 AI 意識的特徵，並提出了該如何為未來做好準備的建議。首先，可能還是有人會認為有意識的 AI 只存在於科幻作品中。這些人認為 AI 的結構與生物大腦的結構從根本上不同，因此 AI 絕對不可能擁有意識。但無論人類如何設計，有意識的 AI 都有可能會在適當的時機出現。綜觀上述六種意識特徵，有意識 AI 的優點比缺點多。因此，我們有可能會鼓勵 AI 設計師了解意識並在設計中明確支援這些功能。但有意識 AI 也有致命缺點，我們也有可能會鼓勵 AI 設計師了解這些意識特徵，並在設計中明確避免這類功能。

AI 是否具有意識仍然是個謎，我們不能忽視出現有意識 AI 的可能性。我們需要充分思考，並為那一天做好準備。

第 4 章

生成式 AI 大爆發的兩年

1
AI 在法律領域的發展：
AI 會比人類更公正嗎？

以目前已開發的技術來看，AI 最強大的優勢，在於數據的處理速度與品質。AI 可以用遠超過人類的速度處理數據並進行分析。而快速的處理速度，最適合應用在哪個領域呢？答案可能會讓人有些意外，那就是法律領域。人們大多認為提供法律服務的公司是較為傳統的企業，但在過去幾年，法律領域已逐漸引入機器學習，如今更是積極應用生成式 AI 技術。

基於 AI 的法律事務所早已出現了。這類事務所運用 AI 來最大化工作效率和準確性，從而與現有的事務所做出差異化。在基於 AI 的法律事務所，大部分的員工與律師會在許多方面廣泛地使用 AI，像是受理案件、研究、擬定草案、報告、提出異議、分析法官意見等，這使他們能比傳統法律事務所更快速地處理業務並產出結果。

AI 可以學習龐大的資料，以此來正確地判斷法律問題，提供解決方案。這時，它可以最大限度地減少人為錯誤，產生更準確的結果。如果 AI 能分析數據、尋找判例，更快速、準確

地處理原本由人類負責的業務，就可減少人事費用，因此基於 AI 的法律事務所，費用往往比傳統的事務所便宜。

　　AI 可以運用在大多數的法律相關業務。它可以分析客戶的案件內容，判斷勝訴的可能性，並提出最佳的解決方案。它能夠快速且正確地找出相關法律條文及判例，收集案件所需資訊。它還可自動產生契約書、訴狀、法律諮詢等各式各樣的法律文件。當客戶提出法律相關問題，AI 能向客戶提供法律諮詢，若客戶要採取法律行動，它也可提供所需資訊與援助。在訴訟過程中，更可以輔助律師執行相關業務，例如收集證據、傳喚證人等等。

　　AI 可以同時服務許多位客戶，甚至依據每位客戶的案例提供客製化解決方案。除此之外，還能夠隨時與客戶保持聯繫，提供客戶符合個人需求的服務。

　　在美國，已經有提供契約書自動審閱及分析 AI 解決方案的 Kira Systems，提供法律紛爭數據分析平臺的 Lex Machina，提供基於 AI 的法律諮詢及訴訟服務的 DoNotPay 等法律服務公司。由此可見，AI 正在為法律界帶來革新，預計未來會發展得更迅速。

　　AI 對於提供法律服務的公司特別有用的原因是什麼呢？在法律世界中，原先需要新進員工花上好幾個小時甚至是好幾天的工作，AI 只需要幾秒就能完成。這麼做能夠節省 99％時間，進而減少大量人事成本，因此在提供知識密集服務的法律領域

相當常見。

　　律師必須分析、評價案件,並產出文書草案,做出決定。法律助理與基層員工則必須快速並且正確地作業,同時不能忽略重要細節。但需要處理的資料量龐大且細碎時,就很可能出錯。現在,許多律師已親身體驗 AI 如何最大限度地縮短完成工作流程的時間。今後,律師與法律助理可以將絕大多數無趣且重複的業務交給 AI 處理。這不只可以提升員工的工作滿意度,也能維持員工留任率。員工實際上更像是 AI 的監督者。

在法庭中運用AI

　　除了法律事務所,AI 也開始出現在審判中。愛沙尼亞正在引入 AI 法官來處理 7,000 歐元以下的小額契約糾紛。這是一套由 AI 法官分析過去的判例來決定賠償金額的系統。

　　中國在 2021 年 1 月施行的民事訴訟法修正案中提出,法院的所有民事訴訟案件應與 AI 系統討論後,才進行判決。因此,中國法院開始使用其以司法資料、法律條文、專家意見等為基礎,自主開發的 AI 系統。中國在全國法院引進 100 個以上的機器人,負責記錄案件與搜尋過去的判例,目的是減少公務員的業務量。據說,這些機器人在商法或是勞動法相關紛爭等特定領域十分專業。可當作法庭證據的社群媒體個人訊息或

留言,也能交由 AI 去分析。

英格蘭與威爾斯的法官,雖然經司法部允許,可以使用 AI 協助產出法律意見,但司法部也表示,必須非常慎重地使用,並且提出警告,在使用 AI 生成資訊及分析法律相關問題時,有一定的風險存在。

使用 AI 來代替法官的領域,主要是像愛沙尼亞一樣,用於小額的民事紛爭。美國某些州在決定小額民事紛爭賠償金額時也開始使用 AI 系統。決定量刑標準時也會使用 AI。美國某些州使用 AI 系統來分析過去的判例與相似案件的判決結果,提供量刑標準供法官參考。準備審判時也可使用 AI。英國已經有律師事務所使用 AI 系統快速找出相關法條及判例。

如同先前所提到的,中國開始要求法官應與 AI 討論後才進行判決。在法庭上如此積極使用 AI,是因為透過 AI 技術可節省 30％時間,讓法院書記的工作減少,使法庭上的程序走向自動化。

美國的威斯康辛、佛羅里達、賓夕法尼亞等部分州,引進了基於 AI 的量刑預測系統,並實際運用於審判之中。這一套系統,是 AI 分析過去的判例、犯罪者的特性、犯罪的嚴重性後,預測量刑,目的在於減少基於人種、性別、經濟地位等所造成的量刑不平等,力求公正判決。

巴西政府為了迅速審閱並分析數千件訴訟案,也開始使用 OpenAI。由於法院的虧損對聯邦預算是一大負擔,政府為了減

少負擔而導入了 AI。這有望提升訴訟處理速度，防止不合理虧損，提升法務部的整體效率。巴西政府預估，透過運用 AI 技術，可以增加法律服務的可及性，提升解決法律紛爭的能力。

在議會中運用AI

在大量運用 AI 的法律領域中，特別是議會，因為必須處理大量資訊、分析法律、訂定及評估政策等執行各式各樣的業務，尤其需要引入 AI。隨著法條越來越多，但廢棄的法條少之又少，長久下來，僅憑人類的能力很難分析或分類管理法案。

舉例來說，印度目前上下議院總共有約 800 多位議員，地方議會的議員則有約 1 萬多位，這些議員提出的法案相當多，若不使用 AI，很難去分析這些法案是否彼此衝突或重複。

AI 能在議會中做什麼呢？專家認為，AI 有望從四個層面強化議會的工作。

首先，在法案分析及評估上，AI 可以迅速且正確地分析大量的法律文書與相關資料，幫助議員快速掌握法案內容、目的以及潛在影響等等。在立法過程當中，AI 能夠協助快速並正確地辨別立法者提出的各項法案是否出現重複、互相矛盾或彼此衝突的政策，並且迅速審閱與憲法相關之法案的合憲性，事先辨別出有違憲疑慮的法案。

第二，在推動政策上，AI 可以分析大量資料，提出政策方案，並依照不同政策，模擬預期的效果與副作用，幫助議員推動有效且可持續的政策。AI 可將大量資料視覺化，讓人更容易理解，促使議員做出更佳的決策。除此之外，AI 也可運用於分析民眾的意見與反應，使政策可與民眾達成共識。

第三，在議會運作及行政業務上，AI 可以將議會會議行程管理、議事錄、投票等行政業務自動化，提升議員的業務處理效率，讓議員能專注於討論更重要的政策內容與決策。AI 還可以自動生成法律文書或是政策提案，除了節省時間，還可以確保維持一貫性，減少錯誤。

最後一項，AI 可以提高民眾的參與度，並加強與民眾之間的溝通。將 AI 運用於收集民眾的意見並分析，有助議會更精準地掌握民眾的需求並反映於法案或政策。另外，也可將 AI 用於建立平臺，協助民眾更積極參與議會活動、發表意見。

若將 AI 運用在議會業務上，可以提升工作效率，節省時間，也能強化信任度與透明度。在分析及判斷大量的資料上，使用 AI 可以大幅減少出錯，最小化偏見造成的影響，尤其是分析法律、評估政策、預測投票結果等強調正確性的業務上，使用 AI 將有很顯著的效果。

在立法程序中運用AI

歐洲的許多國家正在運用 AI 技術改良立法程序，希望透過分析和預測法律相關資料，做出更完善的決策。加拿大政府則利用 AI 來分析政策並將資料視覺化，期待藉此提升政策決策的效率與準確性。

愛沙尼亞已經建立了一套電子政府系統，其中包含數位 ID 系統與以區塊鏈為基礎的政府服務，在議會中則是利用 AI 與數位工具，讓立法程序走向自動化，藉此節約時間並提升整體效率。

芬蘭也正積極地引入 AI。芬蘭政府在多樣化的行政業務與政策制定過程中，使用了 AI 工具來支援生成法案草案、分析資料及審閱法律等業務。

AI 完善了議會的功能，成為了政策制定過程中的重要工具，然而這一切仍需要人類的參與及監督。目前仍未出現因為 AI 的引入，導致議會的議員人數或是員工人數減少的案例。有許多的國家目前正積極地引入 AI，希望能藉此提升議會的運作效率、協助立法過程。現實來說，AI 不可能完全取代議會的角色以及立法的功能，就算會發生，那也是很久以後的事。然而，AI 的發展勢必會為協助議會的各種業務執行與運作上，帶來很大的變化。

2
AI 在教育領域的發展：
教育的真正平均化

自從 AI 問世後，出現了一個十分明顯的趨勢。每當假期開始，ChatGPT 的流量就會大幅減少。這意味著學生是最主要的使用者。現在，當我們走進圖書館，不難看見幾乎所有的螢幕都開著 ChatGPT，沒有人看書找資料。正因如此，教育者對 AI 的評價並不太好。然而，AI 有助教育民主化、個人化，從長遠來看是可以改善教育的。

AI 有潛力能讓個人之間的能力差距縮小，使能力更加平均。以 ChatGPT 這種大型語言模型為例，只要會使用這項工具，所有人都能成為一位不錯的作家。

AI 可以讓每個人成為更好的作家，這樣一來，即便是文筆不好的作家，也有機會創作出接近頂尖作家的作品。也就是說，表現較差的群體將能快速提升，縮小與表現優異群體的差距。AI 的這種能力平均效果，已開始廣泛出現在各種產業。

首先，客戶支援服務的整體水準提高了。2024 年 4 月，某項針對 5,000 名客戶服務人員實施的研究顯示，成效較差的

族群使用 ChatGPT 後，處理業務的速度較平常快了 35％。原先成效最佳的族群則沒有太大的改善。這項研究顯示，AI 對於成效較差的族群來說有很大的幫助。AI 可以將重複的作業自動化、把複雜的問答過程簡化，提高客戶的滿意度。

2024 年 9 月，某顧問公司的顧問服務品質調查也指出，成效較差的顧問使用 ChatGPT 後，服務品質提升了 43％，成效頂尖的顧問提升了 17％。這意味著 AI 能使服務品質大幅提升，尤其對經驗較少的顧問很有幫助。AI 在分析資料、生成報告、解決複雜問題的過程中，扮演至關重要的角色。

2024 年 11 月的另一項研究，則分析了法學院學生的學習成效，結果顯示，原先能力最差的族群，在使用 AI 後進步幅度最大。ChatGPT 在生成法律文件、分析判例、法律諮詢上提供了很大的幫助。尤其對菜鳥律師來說，當面對複雜的法律問題時，AI 能快速且正確地提供答案，不僅可節省時間，還能提升工作效率。

上述這些例子，都說明了 AI，特別是 ChatGPT，有助於減少能力的差距。AI 能夠讓成效較差的族群產出的成效更接近頂尖族群，這樣一來，整體的成效水準也會提升。在客戶服務、顧問、法律產業等各種領域上，AI 的角色越來越重要，相信未來在其他更多產業也會看到 AI 帶來的影響。當然，AI 工具並不完美，如果沒有好好使用，反而可能阻礙能力提升。但若能正確運用 AI 工具，就能創造出更公平、機會更平等的社會。

提供平等教育機會的AI

為了追求平等教育，許多 AI 技術公司正積極投入其中。OpenAI 的共同創辦人，同時也是特斯拉的 AI 部門負責人的安德烈・卡帕斯（Andrej Karpathy），發表了「AI 原生」教育平臺 Eureka Labs，希望透過生成式 AI 的迅速進展，開發出能夠提供學生學習資源的 AI 助教。

Eureka Labs 希望能將專家規劃的課程和資料與 AI 助教結合，讓任何人都能在任何地方輕鬆地學習任何想學的東西。舉例來說，像是與媲美理查・費曼（Richard Feynman）的 AI 家庭教師一起學習物理。

Eureka Labs 並不是唯一主導 AI 教育革命的企業。可汗學院（Khan Academy）擁有專為教師設計的 AI 助教 Khanmigo，它可以生成課程計畫，並根據學生的水準來調整內容難易度。此外，還有數十個公司專注於如語言學習、跨學科教育（STEAM）、客製化教育等，致力於開發相關的 AI 工具。

卡帕斯相信，AI 具有潛力，將為教育領域帶來革命，而 Eureka Labs 能帶來幫助。他在離開 OpenAI 幾個月後，就發表了 Eureka Labs。該平臺的第一個課程「LLM 101n」是一門大學程度的課程，旨在教導學生如何訓練自己的 AI 模型。

根據卡帕斯的介紹，Eureka Labs 正打算與真人教師合作，創造出「任何人都能在任何地方學習」的 AI 助教。學習資源

仍由真人教師來負責規劃，只是多了 AI 助教協助。

上述這些案例顯示，有越來越多 AI 專家將事業模型轉向教育領域。一個具代表性的例子是 Coursera 的共同創辦人吳恩達（Andrew Ng），他是史丹佛大學的教授，同時也透過 Coursera 推動改革線上教育，幫助許多人學習 AI 與機器學習。

此外，身為 Google 大腦團隊創始成員的李飛飛（Fei-Fei Li），則在史丹佛大學創立了 AI 教育計畫「AI4ALL」，這項計畫以高中生為對象，提供 AI 相關的教育。

AI 專家們運用自己的知識，強化教育模型的這股浪潮，未來應該會持續下去。這不只是提供學生高品質的教育，同時也在推動 AI 領域的全球發展中扮演著重要角色。從超個人化的學習到高級客製化 AI 教師，在未來數年內，教育領域有望迎來大規模的重塑。

2030年後，AI將帶來知識平均化

有些觀點認為，隨著 AI 技術的發展，2030 年以後，全球的知識水準將平均化，大部分的教育與學習將趨於一致，各個國家所保有的特性將逐漸模糊，最終走向統合的世界。這類的觀點得到了多項研究結果及報告支持，預計將對社會、文化、政治等多個領域產生重大影響。

AI 技術使知識平均化的三個方法如下：首先，AI 可以根據個人的學習偏好、速度、能力來提供最適合的學習方式。這樣的方式，可以幫助每個人發揮自己的潛力。第二，AI 可以跨越語言的隔閡，幫助我們取得來自世界各地的各種資料。這可以縮小每個人的知識差距，提供所有人平等的機會。第三，AI 可以提升記憶力、專注力、問題解決能力等，當整體的生產力提高，生活品質也會有所提升。

如果全世界都用同樣的 AI 工具，舉例來說，當大家都使用 ChatGPT 來學習，那除了知識會平均化，教育與學習也將走向單一化。這樣一來，全世界人的思考方式與價值觀會越來越相似，國家之間的差異性也可能會減少。知識平均化與教育單一化可能會加速全球經濟統合，國際貿易與投資有望更加蓬勃。此外，因為有共同的知識基礎與價值觀，國際社會的政治合作也有望更加緊密。隨著知識共享與合作日益活躍，全球人們之間的文化交流也將更加頻繁。

然而，單一化的教育和學習也可能帶來負面影響，如文化多樣性減少、創造力下降等等，因此需要特別注意。如果這些問題能夠解決，全球整合與知識平均化將會在解決人類長期面臨的難題上，扮演至關重要的角色。

3
AI 在醫療領域的發展：
診斷的速度與準確度改善

粗動作功能評估，是經常用來評估腦性麻痺兒童動作功能的評估工具。但即使是熟悉粗動作功能評估的專家，也需要花上 45～60 分鐘來進行評估。像這樣評估腦性麻痺兒童動作功能的醫療行為，不只很花時間，而且很依賴醫療人員主觀的判斷，準確度可能有落差。

為了簡化評估過程，科隆大學的研究員使用 AI 開發了一款精簡版的粗動作功能評估工具。研究員先將腦性麻痺兒童的動作錄下，再透過 AI 機器學習演算法，從所有的粗動作功能評估中，篩選出最適合用來鑑別的項目，使得臨床醫師僅需測試該項目，就可準確評估動作功能。

在一項以 1,217 名腦性麻痺兒童為研究對象的研究中顯示，使用 AI 支援的評估流程，在單項評估及依年齡層區分的評估結果上，與傳統的粗動作功能評估結果幾乎一致。此外，AI 還能感測到醫療人員沒有注意到的微小動作，做出更精準的評估。

從這樣的案例，我們可以了解到，在醫學領域，AI 不只是單純的理論。近來，AI 不再前途茫茫，而是已發展成可實際應用的工具，帶來實質的結果。以下，我將介紹近期在臨床作業上使用 AI 的幾個案例。

在醫療影像及資料分析上，AI早已領先

1. 醫療影像分析自動化

若想要分析醫療影像，特別是電腦斷層（CT）、核磁共振（MRI）這類的醫療影像，需要有熟練的專家，所需時間較長，並且可能出錯。為了解決這些問題，有許多 AI 醫療影像分析解決方案正在開發。用 AI 來分析醫療影像，可自動判別癌症、血管疾病、骨折等，非常有效率。另外，AI 能夠自動找出人類肉眼難以辨別的微小病變，因此有助於早期診斷及治療。

在一些具代表性的案例中，AI 透過演算法，能夠從電腦斷層影像中，自動判別中風病人的腦血管阻塞，讓診斷與治療更加完善。AI 在分析核磁共振的腦部影像方面，縮短了多發性硬化症的診斷時間，準確度提高了 44%。而在判別肺結節方面，比起傳統的人工判讀方式，AI 使判讀速度提升了 26%，多識別出 29% 的肺結節。

目前，許多公司正致力於開發 AI 工具。PathAI 開發出有

助於病理學家診斷癌症的 AI 演算法。這款 AI 能將細胞影像分析，更正確地辨識出癌細胞。Aidoc 則是從電腦斷層與核磁共振的影像中，快速識別出特定的異常狀況，幫助提升放射科醫師的診斷速度。HeartFlow 則是分析冠狀動脈疾病風險的 AI 技術，它可以重組電腦斷層影像，將病人的血流以 3D 立體形式模擬出來。

此外，AI 還可以對皮膚病變進行分類，增強診斷能力，也能夠分析心電圖和心臟核磁共振影像，評估急性心肌梗塞等心臟疾病的風險。

2. 醫療資料分析及預測

想從醫療資料中得到有意義的結果，必須要分析並解讀非常大量的數據。這是一項須投入大量時間與努力的困難作業。若能利用 AI，就能在短時間內從大量資料中掌握疾病模式，預測病人的健康狀況，生成最適合的治療方案。AI 醫療資料分析工具，在疾病的早期診斷、預防及治療上，都具有顯著效果。

AI 也能運用在個人客製化的醫療服務開發上。在實際應用層面，AI 整合了基因組與蛋白質體學資料，有利於改善疾病診斷與治療。AI 可以透過分析大量的醫療數據，幫助發現疾病的生物標記（Biomarker），達到早期診斷、客製化治療的目的。

Sepsis Watch 是由杜克大學開發的一套早期警示 AI 系統，可預測並監控威脅生命的敗血症。這套系統利用電子健康紀錄

資料，最快可在臨床症狀出現的 36 小時前，判別出有敗血症風險的病人。演算法能夠持續地分析生命徵象、實驗室結果及藥物使用狀況，識別病人可能出現敗血症的風險模式。根據發表在《醫學網路研究期刊》（JMIR）的研究，它能夠迅速地判斷出敗血症，使敗血症的死亡率減少 31%。

Google Health 和 Verily（Alphabet 的子公司）使用機器學習演算法，開發出能分析視網膜影像，識別視網膜病變徵兆的 AI 系統。它會透過由眼科醫師標記是否存在視網膜病變的大量視網膜影像資料來學習識別病變的模式。它一旦經過學習，就能分析新的影像，預測病人可能出現視網膜病變的機率。這款系統在印度進行了臨床環境測試，結果與眼科醫師的診斷相符。這項技術有望為資源不足的地方帶來希望，讓檢查更普及且更便宜。透過實現早期檢測和治療，這套系統將能幫助數百萬人預防視力喪失。

最後，透過智慧型手錶檢測心房顫動，是使用 AI 持續性地監測並為病人的健康提供直接服務的好例子。如果能夠及早發現心房顫動並治療，就能大幅降低發生腦中風、心臟衰竭等嚴重併發症的風險。過去，醫師在接觸病人時，偶爾會幫病人檢查，但由於沒有辦法取得長期數據，關於心房顫動的數據都是零星且非持續性的。如今，許多智慧型手錶與運動手環都搭載了這項功能，當 AI 系統識別出潛在問題，就會發出警告，適時地介入，請配戴裝置者尋求醫療協助。

3. 提升醫療服務的可及性

時間與空間的限制都是造成醫療服務不平等的原因。現實情況中，發展中國家或是弱勢族群，往往特別難取得醫療服務。不過，我們可以將 AI 運用於解決醫療人員不足的問題。AI 醫療服務平臺在沒有醫療人員的地區也能提供遠距看診、疾病診斷、治療諮詢等，在緊急情況下的成效特別突出。目前，非洲已引進了遠距看診平臺，讓沒有醫療人員的地區能夠得到基本的醫療服務。

另外，印度開發了一款醫療聊天機器人，能夠進行基本的疾病診斷與治療諮詢。這款醫療聊天機器人在設計上特別花了心思，讓沒有醫學知識的人也能輕易地使用。

4. 加速醫療研究

研發治療或預防疾病的新藥物或新療法，通常需要花費超過 10 年的時間以及約 25 億美元的費用，不僅相當耗時與昂貴，成功機率也非常低。但隨著 AI 出現，研發時間及費用都有大幅減少的趨勢。AI 正被用於分析大量研究資料、發掘新藥候選原料以及設計臨床實驗。比方說，AI 公司 DeepMind 在 30 分鐘內解開了人類 10 年來解不開的蛋白質結構。其所解開的蛋白質摺疊，有望解決阿茲海默症、帕金森氏症、糖尿病等問題。

5. 減少醫療費用

醫療費用持續增加，對個人與國家來說都是沉重的負擔，若將 AI 引入醫療服務，將能減少非必要的檢查及治療，降低費用支出、提升效率。換句話說，就是透過提升診斷的準確度，改善治療過程，減少再住院率，以達到減少醫療費用的目的。另外，AI 還能夠最佳化醫院的營運和資源管理，從而更有效地提供醫療服務。透過預測分析，醫院將能事先掌握病人的治療需求，適當地安排必要資源。

運用於照護服務的AI

上述這些應用的例子，證明了 AI 在醫療診斷上的潛力，在準確度、效率、治療結果上都能提供實質的幫助。不論是疾病或是意外事故，影響治療成效最重要的因素，正是及時的醫療處置。在醫療服務上需要進行很多的決策，像是迅速確診病名、決定治療方法等，AI 皆能發揮相當大的作用。

AI 正在重塑醫學界的傳統模式，讓整個產業開始遵循新規則運作，開創新未來。這樣的現象，也出現在照護領域。從加強臨床決策、改良作業流程到改善病人的照護情況，AI 改變了護理師的角色與責任。透過 AI，護理師能夠更專注於工作，為病人提供更有效的照護。

1. 制定治療計畫

AI 在制定符合個別病人需求的治療計畫上,扮演著很重要的角色。AI 系統能夠分析病人的所有資料,包含基因表達譜、治療反應、最新的健康指標等,並推薦最適合的治療計畫。

透過這樣的方法,病人能夠得到最有效的治療,同時將副作用減到最低。此外,AI 能夠持續地監測病人的治療情況,快速且靈活地調整治療計畫。舉例來說,當病人的恢復情況不符合醫師預期時,AI 會發出警告,以便及時修正治療計畫。這種注重預防性且個人化的方式,能讓護理師所提供的照護品質大幅提升,確保最佳的治療結果。

2. 簡化照護業務流程

使用 AI 的自動化管理行程及配置人力系統,能夠預測人力需求,改善輪班模式,確保適當的護病比,減輕護理長的管理壓力,減少行程衝突。同樣地,使用 AI 文書及紀錄保存系統,能夠自動更新病人的資料。減少這類進行重複性作業的時間,就能讓護理師有更多時間照顧病人,提升醫療服務的整體效率與效果。

3. 改善病人體驗

病人在接受醫療服務過程中,往往會感受到不舒服,並抱怨沒有得到足夠的資訊。AI 能夠提供病人客製化的醫療服務、

疾病的相關資訊，以及協助管理治療進程。

AI 醫療聊天機器人，能夠回答病人的問題、監控症狀、提供治療諮詢，也能檢視藥物的服用紀錄，提升病人的滿意度。此外，AI 還可以分析病人的資料，掌握個人的健康狀態、建議預防措施。

美國已有醫院正在引入 AI 的入口網頁，讓病人能夠在線上檢視自己的醫療紀錄、檢查結果、治療計畫等。韓國也開發了心理健康諮商聊天機器人，對有憂鬱症或是焦慮症的人提供諮商服務，這款聊天機器人 24 小時提供服務，且保障使用者的匿名性。

與此同時，只要透過 AI 就能隨時查看病人的資料，護理師能迅速地查閱並研究病人的病歷、檢查結果及治療計畫，有助於醫療人員做出正確的決策，即時回應病人的需求。將 AI 融入照護業務，能為提供醫療服務的人員，打造出高效率且反應迅速的醫療環境。

然而，即使有這些優點，將 AI 融入照護業務仍有障礙存在，例如是否有強大的資料安全措施、AI 決策的醫療倫理問題、是否有針對護理人員進行持續性的教育與學習等。我們必須先解決這些問題，才有辦法將 AI 的優點運用於醫療領域。

AI 已經以各種技術為醫療診斷領域帶來了改變。這些技術在提高診斷的準確度、提升醫療服務的效率、改善病人的治療結果上，具有實質的貢獻。未來，AI 將會在開發更精確的診斷

工具與治療方法上，扮演至關重要的角色。我們可以期待更有效率、更全面的醫療環境。

4
AI 在媒體領域的發展：
好選擇與壞選擇

☰

在 AI 出現之前，新聞媒體業曾經歷過一場巨變，那就是數位化。隨著廣告收益下降，報紙發行數量也跟著減少，導致新聞媒體業面臨危機。最後，許多報紙停刊或轉型為線上新聞平臺。根據截至 2023 年的資料，全球共有數千份報紙停刊。

讓我們來看幾個值得探討的案例。首先，《Barrier Truth》是澳洲新南威爾斯州布羅肯希爾地區創刊 126 年的報紙，就因為財政問題而停止營運。赫斯特雜誌（Hearst Magazine）解僱了 41 名員工，內幕公司（Insider Inc.）解僱了 10% 的員工。另外，《國家》（Nation）週刊與《彭博商業周刊》（Bloomberg Businessweek）也因為讀者與收益減少，計畫由每週改為每月發行。

報紙的停刊與轉型，使得新聞媒體業的職缺大幅減少。根據截至 2023 年的資料，全球共有數萬新聞媒體從業人員失業。

存活下來之新聞媒體的選擇

　　從數位化浪潮中存活下來的新聞媒體，隨著生成式 AI 登場，再次面臨生存問題。新聞媒體公司經過數位化的內容，正在被生成式 AI 擅自拿來學習。包括《紐約時報》在內的部分媒體公司就控告 OpenAI 擅自使用其內容。然而，也有部分新聞媒體公司為了在快速變化的世界生存，選擇與 AI 企業合作。

　　2024 年 7 月，《時代雜誌》（TIME）宣布與 OpenAI 簽訂多年的授權協議，成為合作夥伴。這項協議將使《時代》的大量內容融入 ChatGPT、AI 模型訓練及其他產品。根據這項協議，ChatGPT 可以存取該公司的新聞內容資料庫。這兩間公司在聲明中提到，未來聊天機器人在回答使用者的問題時，將會引用《時代》的原始資料，並附上連結。

　　這兩間公司期待透過這次的合作，帶來下列正面效果。第一，可以更有效地保存資料。先前，派拉蒙刪除了 MTV 網站上所有的新聞檔案，因而引起了討論。在網路時代，珍貴的歷史內容面臨著隨時會消失的風險。《時代》與 OpenAI 合作，將能夠安全地保存自創刊以來 101 年的歷史檔案。第二，當使用者查詢新聞時，可以保證有正確的回應。OpenAI 的 AI 模型透過學習《時代》的資料，能夠在使用者查詢新聞時，提供更正確且豐富的資訊。第三，可以開發新功能，例如精準向讀者推薦特定新聞、即時新聞整理、虛擬祕書服務等，讓讀者參與

度提升。第四,可以與時俱進,跟上新聞業的進化腳步。

隨著與 AI 的合作範圍擴大,傳統新聞業的方式應該會出現變化。AI 不只是提供快速且正確的資訊,在其經過龐大的檔案與資料庫訓練後,還能運用於提供更深入的分析與見解。

光是在 2024 年,AI 企業就與《金融時報》(Financial Times)、《商業內幕》(Business Insider)的母公司阿克塞爾・斯普林格(Axel Springer)、法國的《世界報》(Le Monde)、西班牙的普利沙傳媒集團(Prisa Media)簽署了類似的協議。

這樣子的內容合作,對於訓練 AI 模型來說是必須的。不僅如此,這樣的交易對於新聞媒體來說也有獲利的機會。在過去,這些新聞媒體即使向網路大企業提供新聞,也無法因此獲利。2024 年 5 月,OpenAI 就與《大西洋》雜誌(Atlantic)、沃克斯傳媒(Vox Media)簽訂了內容與產品合作協議。

《時代》與 OpenAI 的合作是一個開端,未來有望擴展至更多媒體公司,開啟新的新聞時代。未來,AI 將會在整個媒體產業扮演至關重要的角色,讓媒體公司以更創新且更有效的方式來生產並傳播內容。

成為假新聞溫床的線上新聞網站

並不是所有新聞媒體公司都有美好的發展。新聞媒體公

司為了跟上時代不被淘汰，開始使用線上新聞平臺、社群媒體、新技術等力求轉型，提供讀者具吸引力的內容。然而，當 AI 被用在這樣的變化上時，就開始出現越來越多 AI 生成新聞網站。根據假新聞查核組織 Newsguard，2023 年 4 月共有 49 個 AI 生成新聞網站，而到了 2023 年 12 月，這樣的網站數量已超過 600 個。為了達到最佳的廣告收益，放上大量聳動新聞報導的低品質網站，我們稱為「內容農場」（Content Farm）。Newsguard 指出，許多內容農場都使用了 AI 工具。這樣的網站多半不透露所有權人或控制權人，透過 AI 生成包含政治、健康、娛樂、金融及科技等各式各樣主題的大量內容，有些甚至每天上傳數百篇新聞。

　　大部分 AI 生成新聞網站是仰賴廣告收益來營運。使用者瀏覽網站後留下的訪問紀錄，也就是 Cookie，可以用來預測消費模式，向使用者投放符合其需求的廣告。然而，這樣的廣告並不會考慮網站的品質或性質。因此，正常的大品牌便在無意中贊助了這些網站。這也是內容農場大量出現的原因。

　　這些網站的問題不只是內容品質差、充斥假新聞，還有很嚴重的著作權問題。它們大多是透過 AI 從主流新聞來源擷取新聞後，再重新撰寫與發布，並不會標明出處。

　　這些網站看起來就像一般的新聞網站，但網站上的文章都是由模仿一般人溝通方式所設計的 AI 語言模型生成的。這類的新聞機器人所生成的新聞有幾個很大的問題。第一，散布假

新聞與錯誤的資訊。第二,當這類新聞網站越多,大眾對於新聞媒體的信賴度可能會降低。最後,若 AI 將新聞製作過程完全自動化,會導致新聞媒體業的職缺減少。

　　AI 預計會對新聞產業帶來很大的影響。新聞媒體公司可以運用 AI 技術提升效率、改善讀者體驗,同時也必須努力對抗 AI 生成的假新聞及錯誤資訊,維持大眾對於新聞媒體的信賴。

5
AI 在電影領域的發展：
降低 90% 製作成本

索尼影視娛樂宣布，為減少製作成本，其將在電影製作過程中引入生成式 AI。2024 年 6 月，執行長安東尼・文西奎拉（Anthony Vinciquerra）在日本舉行的投資人會議中提到，公司非常注重 AI，並且正在引入 AI 技術來簡化電影製作。他還提到，公司將持續探索如何透過 AI 以更有效率的方式來製作電影與電視劇。

在影視製作中運用 AI 技術，預計將會降低成本。舉例來說，AI 可以用於自動製作分鏡圖、背景、特殊效果等。它還可以透過快速編寫劇本、安排拍攝計畫和剪輯等，加快電影製作進度。隨著 AI 進一步發展，將來可能會催生前所未有的新方式，像是虛擬實境電影、AI 演員等。

電影製作人保羅・特里洛（Paul Trillo）表示，AI 勢必會改變電影製作前期和後製的流程，人類被賦予的任務與職業種類也將會改變。他還提到，從概念藝術、分鏡圖到視覺效果，具有傳統技術的人們，若選擇使用新工具，就能加快作業速度，並

在創作過程中投入更多時間來探索新靈感。他補充道，AI 也將為獨立電影帶來機會，使其能夠呈現媲美大型製作電影的視覺效果。

根據德勤的調查，有 22％美國消費者相信，比起由人類來製作，生成式 AI 能夠製作更好的電影和節目。以實際情況來看，使用生成式 AI 的電影市場，有望從 2022 年的 2.76 億美元，成長至 2032 年的 28.82 億美元，年均複合成長率有望達到 27.2％。這項統計顯示，生成式 AI 已經被運用在電影製作的許多層面，在電影業的重要性將日漸增加。

麻省理工史隆管理學院的塞門・強森（Simon Johnson）教授認為，AI 是一項能將許多工作自動化，並強化各領域工作者能力的技術，未來最有可能出現的情況，是負責撰寫劇本初稿與開發的人會減少。他特別提到，未來經營者可能會先用 AI 來生成劇本，再聘請電影學校畢業的人，讓電影看起來有真人編劇存在。

AI 新創企業的負責人阿隆・亞爾（Alon Yaar）則認為，雖然生成式 AI 會對電影產業造成革命性且廣泛的影響，但我們不須過度害怕，而該將其視為新的創作工具，類似聲音或電腦合成影像剛出現時那樣。他補充道，AI 將超越單一應用，為電影製作前期到後期的整個流程帶來影響。

生成式AI已經出現在電影中

事實上，好萊塢已經在使用 AI 了。二十世紀影業 2019 年的電影《艾莉塔：戰鬥天使》在製作主角艾莉塔的臉時就運用了 AI。華納兄弟 2021 年的電影《叢林奇航》中的特效也使用了 AI。華特迪士尼影業 2024 年的《異形：羅穆路斯》則透過 AI 讓已故演員伊恩・霍姆（Ian Holm）「復活」並出現在電影中。

Google、Meta、OpenAI 等開發 AI 影像製作軟體的企業，正在積極尋求與好萊塢的製片廠合作。他們開發了僅需文字提示就能生成逼真場景的 AI 技術，並以簡化電影製作過程和降低成本的優勢，向製片廠提出合作提案。像 OpenAI 的 Sora 和 Alphabet 的 Veo 這樣的 AI 工具，讓電影製作人得以透過輸入文字就生成影片，這既讓業界感到興奮，也引發了不安。如果這項技術實現商業化，雖然有助於降低電影製作成本並提升效率，但同時也存在對著作權問題及 AI 技術濫用的擔憂。

因此，好萊塢的製片廠對於使用 AI 技術的態度仍然十分謹慎。其中，使用內容的控制權問題是最主要的爭議。製片廠在內容授權上態度偏謹慎，以及演員史嘉蕾・喬韓森（Scarlett Johansson）要求 OpenAI 的聊天機器人不要使用自己的聲音，都是反映這種疑慮的案例。

在電影產業中使用 AI 的情況還在初期階段，但根據先前提到的優點，我認為未來會擴大至更廣泛的層面。然而，確實

也有人會開始擔心，如此廣泛地運用 AI，將使演員與編劇失去工作。預期將會受到最大衝擊的職業，包括演員、編劇、後期製作的專家。首先，真人演員的身價很高，若能用較低廉的價格聘用虛擬演員，可能會使真人演員的工作機會減少，這種情況應該會從臨時演員或配角開始。其次，AI 能夠用來生成劇本，進而影響編劇的工作機會。最後，AI 也可以用於自動化特效、剪輯、音效等後製的工作，對後期製作專業人士造成威脅，尤其是執行重複性任務的工作者將受到最大影響。

要預測具體的工作機會減少規模不容易，但可能會達到數千甚至數萬名。根據麥肯錫全球研究所的預測，至 2030 年為止，全球有 8 億個工作機會因為自動化而消失。在這之中，包含了許多電影產業相關的工作機會。

然而，AI 也能創造出新的工作機會。未來應該會出現新的職業，像是負責開發及維護 AI 技術的專家、使用 AI 電影製作工具的製作人、懂得如何與 AI 演員互動的導演等。與其他的產業一樣，生成式 AI 對電影業界來說就像一把雙面刃，造成工作機會減少的同時，也創造了新的機會。

夢工廠創辦人傑佛瑞・卡森伯格（Jeffrey Katzenberg）預估，AI 技術將使動畫電影的製作成本減少 90%。他提到，在過去的黃金時代，製作一部世界級的動畫電影需要 500 名藝術家，並且得耗費 5 年時間，而在未來 3 年內，可能只需要不到 10% 的資源就能辦到。

在 AI 與人類的合作之下，電影產業將會迎來新時代。AI 影像生成軟體可望為電影產業帶來創新，但也必須解決隨之而來的倫理問題與法律爭議。

6
AI 在資源領域的發展：開發無稀土磁鐵

　　AI 已經在許多領域有卓越的表現，而在這當中，大眾普遍認為 AI 在材料科學領域具有推動創新的潛力。

　　根據開源資料庫「材料專案」（Materials Project），人類透過實驗發現了約 2 萬種材料。隨著電腦技術發展，這個數字已增加至 4.8 萬種。而在 2023 年底，DeepMind 的研究員以現有的 4.8 萬種材料為基礎，成功發現了 220 萬種新材料，並且其中有 38 萬種被選為穩定且優良的合成候選材料。這個例子讓我們清楚地看見了 AI 促進材料科學發展的速度。

　　AI 的引入大幅提升了材料研究的效率。它能透過分析龐大數據、辨識模式，找出最適合的材料組合。這遠超越了目前的研究方式，能在短時間內找出重大發現。

開發解決氣候變遷的磁鐵

社會全面電氣化是解決氣候變遷問題的必要任務,但在這過程中,由於開發電動車的引擎及電池的核心技術,都必須使用稀土金屬,因而引發了新的問題。眾所周知,開採稀土金屬會帶來包括環境破壞、資源枯竭、國際衝突等嚴重的問題。

使用在電動車、風力渦輪、機器人技術、無人機等各式各樣技術的永久磁鐵,大部分都要仰賴稀土金屬。預計至 2030 年為止,對於這類金屬的需求,光是歐洲就將增加五倍。生產永久磁鐵所需的稀土,主要分布在擁有最多稀土儲量的中國。隨著地緣政治越來越緊張,全球開始意識到仰賴中國的稀土是危險的賭注。

而 AI 技術的進步有望為這個問題提供突破性的解決方案。英國科技公司 Materials Nexus 就透過 AI 技術,在短短三個月內開發出了完全不使用稀土金屬的磁鐵。這比現有稀土磁鐵的開發速度快約兩百倍。

這間公司與謝菲爾德大學及亨利萊斯研究所合作,嘗試製造出不使用稀土金屬的磁鐵並進行測試。它們使用機器學習演算法來辨別並分析了一億多種可以製成稀土磁鐵的材料組合,成功開發出不含鏑或是釹這類稀土金屬的永久磁鐵。製作團隊表示,製作這款磁鐵所需要的費用,比目前類似的稀土磁鐵更低,且碳排放也較低。

Materials Nexus 公司透露，這款永久磁鐵「MagNex」的開發只是個開端。從微晶片到超導體，藉由機器學習演算法，將能創造出適用於各種領域的各種材料組合。從電子產品到電動車，現代技術使用了數千種不同的材料，這些物質大部分都是經過幾十年的嘗試才成功發現的。然而，如果使用 AI，研究員們就可以用虛擬的方式，實驗數百萬種可行的材料組合，不需要像過去一樣，一個個親自實驗找出可行的組合。

　　另一方面，倫敦國王學院則與日本的研究員攜手，使用 AI 技術開發出全球最強大的鐵基超導磁鐵。超導磁鐵只需要一點點電力就能產生強而穩定的磁場，頗受好評。這項功能對仰賴磁場來清晰顯現軟組織影像的核磁共振技術來說非常重要。

　　由馬克．安斯利（Mark Ainslie）博士所帶領的研究團隊，已成功製造出比現有超導磁鐵的磁場強大二點七倍的超導磁鐵。他們使用一款名為「BOXVIA」的新機器學習系統，以更有效率的方式改良超導體的製作流程，使得一般來說需要花上數個月的流程因此加快了許多。

　　超導磁鐵不只對核磁共振與電動車很重要，在低價飛機與核融合技術上也是必要的材料，然而傳統的銅基超導體所需的材料與技術花費高，導致市場滲透率有限。這次開發出來的鐵基超導磁鐵，應該會成為降低成本的替代方案。

　　該公司的相關人士表示：「運用 AI 來研究及開發材料，可以大幅節省時間。」AI 在材料領域的發展，有望加速電氣化

時代來臨。這裡所使用的 AI 技術，是仰賴高效能運算能力與學習演算法，去分析數百萬種可行的材料組合。也就是說，與傳統研究方法不同，我們逐漸可以透過 AI 分析龐大數據和發現新模式，找出最佳的材料組合。

AI所帶來的材料科學創新

AI 在材料科學方面的創新，是 AI 能在其他關鍵領域中推動綠色能源轉型的典型案例。AI 已經廣泛應用於開發再生能源儲存技術、提升能源效率以及發掘環保材料等多個領域，未來預計將以更快的速度發展，成為對抗氣候變化的重要助力。

開發出不使用稀土金屬的磁鐵具有重要意義，因為它能降低對稀土金屬的依賴，推動環保材料的使用。材料科學將隨著 AI 持續發展。AI 不僅能解決複雜問題，還能節省時間與成本，並成為解決氣候變化的重要工具。這次的鐵基磁鐵，正是證明 AI 潛力的重要成果。

7
AI 在健康領域的發展：智慧穿戴裝置進化

忙碌的現代人要在日常生活中維持健康十分不容易。根據統計，在全球死亡人口中，有 63％死於慢性疾病。根據世界衛生組織的數據，每年有 3,800 萬人死於非傳染性疾病。在美國，有約 40％的成人患有兩種以上的慢性疾病，其中 80％是因飲食或運動等生活習慣所造成，大多只有在身體不舒服時去醫院，或是只有在有空時才運動。這往往是因為沒有持續性且個人化的指南，告訴我們該怎麼做。

如今，隨著將生成式 AI 融入手機或是穿戴式裝置，我們迎來了個人健康指導的新時代。「AI 健康教練」會提供我們在過去無法取得的持續性且個人化的指南。

手機或穿戴式裝置能夠持續記錄詳細的資料，如步數、心率、睡眠時間等個人的生理狀態與行為，透過這個裝置，就能檢視各項指標，指引個人做出健康的行為。若再加入能像主治醫師一樣，以醫療知識為基礎來評估個人健康狀況，提供建議幫助使用者達成健康目標的技術，忙碌的現代人就能自己

照顧好身體，保持健康。

　　生成式 AI 技術能讓這件事成為可能。生成式 AI 能力驚人，可以分析並解析複雜的多模態健康數據。想像一下，它不只能追蹤每天的步數與睡眠品質，還能辨識出在高壓的會議後心率增加等模式，建議使用者透過呼吸運動冷靜下來。

為了消除慢性疾病而生的AI健康教練

　　AI 健康教練是能夠在分析使用者數據、生活習慣、健康指標後，提供個人化指引的數位工具。它透過穿戴式裝置、手機應用程式以及使用者輸入的資訊，仔細地檢測心率、睡眠模式、運動習慣等生物標記。

　　與廣泛的建議不同，AI 健康教練會根據使用者目前的情況，提出個人化的建議，如調整飲食習慣、改良睡眠模式、改善運動習慣等等。

　　看到生成式 AI 在健康指導領域的潛力，Google 與 OpenAI 分別透過開發「個人化健康大型語言模型」（Personal Health LLM，PH-LLM）以及創立新創公司 Thrive AI Health，全心開發 AI 健康教練。

　　個人化健康大型語言模型，能夠處理個人健康數據，生成有助於改善睡眠與運動模式的見解與建議。這個模型算得上是

能夠理解並生成文字、語音、圖像與影音等各種形式內容的多模態 AI Gemini 經微調過後的版本。

Google DeepMind 將個人化健康大型語言模型與代理框架（Agent Frameworks）整合，使其能夠自動生成程式碼並搜尋資料。透過這項整合，代理框架就能處理穿戴式裝置的數據，進行複雜的運算並掌握模式。它也可以透過搜尋引擎找出最新的醫療與健康資訊，提供符合使用者需求的建議。它還能夠反覆地多步驟推理使用者個人資料、醫學知識、特定使用者的問題，生成符合使用者需求的見解與建議。

舉例來說，當使用者提問：「想要在白天更有活力，不會打瞌睡，應該要怎麼做？」系統就會在網路上搜尋可信賴的出處，了解到一般成人若能達到 7～9 小時的睡眠、從事戶外運動、適時排解壓力，就能讓精神更好。接著，系統分析使用者的個人資料，取出與此相關的資訊。以這份分析為基礎，系統能夠提供包含個人健康資料的回答「請確保充足的睡眠時間」，並告知使用者「成人平均一天需要 7～9 小時的睡眠，您有 30％ 的日子睡眠時間不到 7 小時」。

個人化健康大型語言模型結合了持續性數據監控與 AI 高級推理，能夠提供使用者高度個人化的健康建議。

另外，山姆・阿特曼與亞利安娜・哈芬登（Arianna Huffington）共同創立 Thrive AI Health，提供一款經過醫學知識、使用者分享的醫療與生物辨識資料訓練的 AI 健康教練服務。

這款 AI 健康教練服務，能夠從使用者的睡眠、飲食習慣、運動及壓力模式中學習，提供隔天的健康管理建議。舉例來說，它能夠提醒使用者「吃藥」、「吃這類的食物」、「游泳」等等。這樣的功能在目前的智慧型手錶或穿戴式裝置上已經存在。AI 健康教練與此的差異，在於它能提供彷彿真的在向醫師諮詢一樣的服務，回答使用者的問題。

這款 AI 教練經過 Thrive 的行為改變方法訓練。此外，它會運用使用者所提供的個人生物辨識資料與醫療資料，學習使用者在睡眠品質、飲食偏好、運動習慣、減輕壓力、活動模式這五大行為上的偏好與模式。具有長期記憶能力的 AI 教練，能夠隨時提供個人化的建議，幫助使用者在日常生活中實踐能改善健康的行為。

有些人認為 AI 健康教練有望成為對抗慢性疾病的工具，然而也有部分專家擔心，大眾會忽略到很重要的一點，那就是影響健康的不只是個人努力，而是社會決定因素。若沒有考慮到醫療服務的可及性、具營養價值的餐點、空閒時間等對公共衛生所帶來的重大影響，恐怕是將健康問題太過單純化了。

對於改善全球公共衛生問題，AI 技術確實具有潛力，然而，正因是與健康相關的問題，確保技術的穩定與功效是首要任務，我們必須謹慎對待。

8
AI 在製造領域的發展：
觀察數據的廣泛應用

☰

　　進入 21 世紀，被視為夕陽產業的製造業，與 AI 一起華麗地復活了。想像一下，有一條能隨時自動調整的生產線，一台預測維護及管理需求的機器，還有一套將供應鏈所有環節簡化的系統，讓製造工廠發揮前所未有的效率。這一切並不是對未來的想像，而是借助 AI 技術的製造業正在發生的事。

　　奇異公司（General Electric，GE）運用 AI 分析設備的感測器數據，成功在潛在故障發生之前，預測設備的維護及管理需求。這種事先預防的機制，可以大幅減少設備停機的時間以及維護管理的成本，改善運作效率，延長機器壽命。

　　博世公司（Bosch）將 AI 運用於預測需求、管理庫存及控管品質，成功最佳化庫存水平，降低成本並改善訂單履行流程。在品質管理部分，AI 也能帶來很大的進步。西門子（Siemens）使用 AI 電腦視覺系統，以達到隨時監控品質的目標。這項技術能夠即時發現缺陷，確保產品品質一致，減少廢料，使生產效率提升了 15％。

然而，若要將 AI 全面引入製造業並充分發揮功能，還有幾個問題必須解決。其中最重要的是高品質數據的可用性，以及熟練人才的必要性。不論 AI 模型再強大，若沒有正確且完整的數據，就可能會失敗。此外，要布署及維護 AI 系統，必須要有熟悉製造業及 AI 技術的專業人才。

製造業的數據洪流

製造業正在經歷一場由感測器、物聯網裝置及互聯機器帶來大量數據的革命。這些數據提供了從設備功能到產品品質等與生產流程相關的有用資訊。然而，要管理這些湧入的數據是一項很大的挑戰，其不僅會造成儲存空間不足，還會讓處理與分析變得複雜，使系統面臨不堪負荷的壓力。

在製造領域，AI 程式的效能取決於輸入數據的品質。若希望 AI 模型提供可信賴的預測與決策，就必須有具準確性、一致性及關聯性的高品質數據。遺憾的是，許多製造業者正因為數據不完整或是不一致，而面臨著 AI 程式效能低下的問題。數據準備有一項基本作業，那就是整理並標準化數據。整理數據包含排除不準確性、不完整性以及可能扭曲結果的不一致性。標準化則是將不同來源的各種數據均一化且可互換。

異常徵兆檢測也是維持數據品質的必要程序。透過識別異

常值與特殊模式,就能解決製造業者不容易發現的潛在錯誤或問題。

數據壁壘則是另一個問題,製造數據是由不同部門各自生成,很難獲得與營運相關的全面性資料,導致產生偏差。若想打破部門之間的壁壘,打造統一的數據環境,必須投入大量的努力與資金,甚至可能需全面檢驗現有的 IT 基礎設施與流程。

此外,在整合數據時,確保個人資料安全變得更加困難且重要。隨著網路威脅日益增加,可能使敏感的生產數據面臨很大的風險,甚至可能導致嚴重的營運中斷情況。因此,必須兼顧數據的可及性,以及數據的安全控管措施。

若AI人才不足,就訓練人才吧

製造業才剛開始引入 AI,就遇到了重大障礙:缺乏足夠熟練的專業人才。

要將 AI 運用於製造業,數據科學家、機器學習工程師及領域專家是三個很重要的角色。數據科學家負責分析並解讀複雜的數據,機器學習工程師負責開發及建置 AI 模型,領域專家負責確認 AI 解決方案是否與製造業的問題相關。為了達到 AI 整合,必須有這些角色存在。然而,有許多製造業者在招募具備 AI、機器學習以及數據科學領域專業技術人才時遇到了困

難。技術落差使得製造業落實 AI 的速度慢了下來。

若想消除製造部門的 AI 技能落差，必須由多個面向來解決。其中一項有效的策略，正是投資教育訓練。製造業者可以提供針對 AI 相關技術的內部教育計畫、工作坊等，讓員工受訓提升技能。另外，活用企業外部的專業資源也是一個有效的策略。將 AI 專案外包給專業團隊，讓外部的專家去解決，這樣一來，即使企業內部對專業知識沒有涉獵，也能與頂尖技術及專家接軌。

若成功將 AI 融入製造業，產業將會出現變化，使未來的概念變成現實。而為了盡可能地發揮 AI 的創新潛力，克服數據及人才上的阻礙是十分重要的課題。

9
AI 在航太領域的發展：
人類探索火星的步伐加快

隨著科學的進步，移民火星的現實可能性一直是熱門話題。有一些學者相信，人類總有一天能在火星上生活。同時，也有一些人認為 AI 會幫助人類達成這個目標。移民火星最大的挑戰是什麼？AI 又將如何提供幫助？

目前，太空船已能夠成功抵達火星，人類則尚未踏上這顆紅色星球。儘管 NASA 計畫在 2030 年左右將太空人送往火星，要將非太空人的一般人送上火星是相當大的挑戰。我們還無法實現這個目標的原因是什麼？

首先是交通問題。許多人都有搭飛機飛行長距離的經驗，但即使飛行時間再長，也不會超過一天。然而，飛往火星預計需要花上 6～9 個月。地球與火星之間的最短飛行距離，發生在兩個行星都在太陽的同一側時，即使是這個最短距離，仍有 5.5 萬公里，而且這樣的機會每兩年只會出現一次。

第二個則是生存問題。人類抵達火星後，能夠獲取足夠的食物與水維持生存嗎？為了解答這個重要問題，研究人員不斷

地尋找方法，而 AI 有望在籌措人類移居火星的必要物資時派上用場。

　　搭載了強化科學探測 AI 功能的火星探測器，可提供關於火星的更多新資料。舉例來說，有些功能可以在無人持續輸入的情況下，自動辨別並調查地質特徵。這樣的功能，能夠協助探測機器人將探測器找尋水源的結果報告給在地球的人。此外，AI 也能協助探測器根據地形移動。

　　澳洲五所參與研究的大學的研究人員，正在研究為前往或移居火星的人穩定提供食物的方法。「農作機器人」（Farm Bot）是這個計畫的核心。它會在太空中栽培人類能吃的多葉蔬菜。此外，研究人員還打造了它的數位孿生（Digital Twin），用來測試耗材是否運作正常，能否應付各種狀況。

透過AI模擬先去火星

　　根據目前進行中的研究，上火星對人類來說可能很危險。舉例來說，火星質量相對較小，所以重力比地球小。科學家正在研究這樣的細節會對人類造成什麼影響。在其中一項研究，科學家掃描了 30 位太空人進入太空前後的大腦，發現當離開地球的時間越長，他們的腦室（負責保護腦、供給養分並排除廢物、充滿液體的空腔）變大了。執行任務超過 6 個月以上的

太空人，這種現象特別明顯。儘管太空人回到地球後腦室就會縮小，但若要完全恢復，需要休息 3 年。

另一項研究，則是調查當人類長達數個月往返火星、處於無重力狀態時，會有什麼影響。研究團隊讓受試者以特定角度躺在床上 60 天，模擬微重力的影響。結果顯示，微重力對受試者的基因表現影響達 91％，從肌肉功能到免疫系統，各方面都受到影響。

AI 可以透過模擬，幫助科學家精準地找出最可能對健康造成危害的部分，並減少這些影響因子，藉此解決健康相關的問題，將負面影響減到最小。

另外，在火星探測上，AI 也能幫助人類找到火星上的生命跡象。有一支研究團隊開發了一套 AI 系統，它能夠辨別樣本是否來自生物，準確率達 90％。這項技術是透過辨別分子模式的微小差異來運作的。

當我們了解在火星上有什麼能生存，接下來就是要找出能支持這些研究結果的區域。AI 在這方面也能發揮作用。牛津大學的研究團隊與許多位科學家合作，利用 AI 的機器學習找出生物能夠生存的區域。該研究團隊使用無人機在南美洲一處沙漠拍下的航拍圖片，並將其當作原始數據來測試，結果成功找到了生物指標，成功率達 87.5％，相較於傳統的隨機搜尋方式成功率不到 10％，成果十分驚豔。

此外，NASA 團隊正在測試一個高 180 公分的機器人，這

個機器人可望在太空中執行許多人類能做的事。若一切順利，科學家能夠使用這個機器人，收集到更多探測器無法取得的資料。在真的把人送上火星之前，若能更了解火星，對要去的人來說是更安全、更有益的事。

人類正一步步地準備登陸火星。在未來幾年內，人類可能還到不了火星，然而科學家不斷地學習並研究，達成了許多進展。這一切，都是為了讓人類在未來的某一天登陸火星而做的準備。AI 將會持續在太空探測上協助研究人員。

PART 3
未來備受矚目的技術

　　研究 10 年以上之長期展望的未來學家,目前最關注的技術是什麼呢?答案是機器人。一直以來,機器人不過是照著人類所輸入的程式動作的機器。然而,隨著 AI 快速發展,機器人技術也受到了矚目。考慮到 AI 無窮無盡的潛力,有著 AI 大腦的機器人,將會像電力、電視、智慧型手機一樣,成為改變我們生活方式的重要主角。除了機器人以外,我們也將探討與 AI 結合的醫療革命及交通革命。

第 5 章
機器人技術的發展

1
人形機器人：
繼智慧型手機之後受到矚目的創新

☰

各位能想像沒有智慧型手機的生活嗎？雖然我們大部分在小時候都是沒有智慧型手機的，但原本就沒有智慧型手機的存在，跟從已經有智慧型手機的生活中拿掉它，情況是完全不同的。若是沒有了智慧型手機，我們的生活方式會截然不同。智慧型手機是一項創新技術，在日常生活中扮演重要角色。緊接著智慧型手機，下一個受到矚目的創新技術是人形機器人。有些人可能會覺得，機器人聽起來還像是遙遠的未來，或是覺得將智慧型手機與人形機器人相提並論有些荒謬，然而，有許多專家與研究報告都可以支持這個論點。

人形機器人目前還不像科幻作品中的那麼發達，不過，它正踏出邁向現實的第一步。漢森機器人技術公司（Hanson Robotics）的索菲亞（Sophia），是一款能夠與人類互動的機器人，透過AI，它能夠與人有情感交流及對話。索菲亞是呈現未來人形機器人技術會如何融入人類生活的代表性例子。豐田的 T-HR3，是一款能夠模仿人類動作的人型機器人，可以運用在醫療、教

育、個人輔助等多種領域。這款機器人在復健治療以及遠端操控方面極有潛力。波士頓動力（Boston Dynamics）的機器人 Atlas，則是一款具備卓越平衡感及運動能力的人形機器人，能夠在救難或是作業現場，代替人類進行危險的作業。這些針對不同功能，像是著重與人類的交流、照顧人類、救難等而設計的機器人，正在陸續問世。

根據麥肯錫的研究報告，至 2025 年，人形機器人市場規模估計會達到 260 億美元，至 2030 年估計會超過 700 億美元。此外，人形機器人的應用將會擴大至醫療、製造、服務等各個產業。

高盛指出，隨著 AI 與機器人零組件的成本降低 40％以上，人形機器人已準備好邁向商業化，並且將被廣泛運用在醫療、工業、教育等各種領域。在醫療領域，人形機器人將能在配送藥物、輔助病患、管理安全等層面上，帶來創新變化。未來，人形機器人將成為人類生活中十分重要的角色，增強人類的能力，協助我們的生活更加便利。

目前，全球各地正在積極開發及投資人形機器人相關技術。三星電子的總裁慶桂顯說過，AI 人形機器人將會是繼智慧型手機之後最重要的創新。他強調，AI 技術與機器人技術的結合，將對未來社會帶來很大的影響。他還特別提到，人形機器人不只是單純的機器，它會透過與人類交流來學習並成長，提供多樣化的服務。

SK 電訊在 2021 年打造了「5G 人形機器人體驗館」，展示運用 5G 網路及 AI 技術的人形機器人的各種應用實例。館中特別示範了即時翻譯、遠端操控、自動判別情況提供服務等技術，證明人形機器人的實用性。

　　波士頓動力則因開發出 Atlas、Spot、Handle 等多樣化的人形機器人，而在全球夙負盛名。Atlas 可以做出與人類類似的動作，並且具有卓越的平衡感與適應能力。

　　LG 電子則是開發了人形機器人 CLOi Guidebot，並將其引入機場、百貨公司、博物館等公共空間。這款機器人能夠引導訪客、提供資訊、處理簡單業務，提供使用者便利且愉快的體驗。

全球關注人形機器人的理由

　　人形機器人為什麼將是繼智慧型手機之後最重要的創新技術呢？

　　自智慧型手機問世以來，日常生活的許多方面都圍繞著這項創新產生了變化。從人際溝通到照片、影片、音樂、電視等各種內容，現在都已融入智慧型手機，物聯網技術更是將所有家電整合至智慧型手機中，使遠端操作成為可能。人們可以在短時間內搜尋大量資訊，無論是學校課程或各種學習活動，都

能輕鬆完成。其他諸如銀行支付和健康管理等服務也能透過智慧型手機取得。

　　如上所述，幾乎所有領域都圍繞著智慧型手機發展，但是智慧型手機受限於螢幕大小及輸入方式，在發揮某些功能上仍有阻礙。人形機器人則不一樣，它具有與人類相似的外型及動作，還能收集和處理多元的感官資訊。預計在 2030 年之後，隨著機器人技術發展得更成熟，人形機器人將融入人類生活。

　　人形機器人能夠與人類自然地對話交流，為使用者帶來更便利、更人性化的體驗。它也能執行各種任務，例如家務和護理服務，這會減輕人類的負擔並提高生產力。人形機器人還能根據個人偏好與需求提供客製化服務，進而提升使用者的滿意度，打造更美好的生活品質。

　　2030 年以後，AI 與人形機器人的發展，將會在促進全球知識水準平均化以及形成整合的全球化社會上扮演重要角色。由特斯拉、Figure、1X Technologies 這類企業所引領的人形機器人革命，將促進各產業自動化，改變人類的生活方式。

　　這些人形機器人公司將成為技術發展的核心，未來有望成為最受重視且最具影響力的企業。

2
AI 主導的機器人革命

☰

我們正在見證由 AI 主導的機器人技術進入全新階段。與按照設計好的程式指令行動的傳統機器人不同，AI 機器人使用的是高級機器學習演算法，因此能理解周圍的環境並從中學習。

從靜態的自動化向具有智慧及高度適應能力的系統轉變，機器人技術在許多方面都有顯著的進展。這些機器人可以處理更加複雜的任務，即時做出決策，並適應不斷變化的環境。在無法預測的情境中，這些機器人特別有用。它們藉由傳感器和數據分析技術，收集周遭環境和自身性能等資訊，並透過機器學習算法處理這些數據，以做出更好的決策，更有效地執行任務。這種適應能力對於醫院、農場、災區等狀況瞬息萬變的環境至關重要。

倉儲物流的創新浪潮

AI 機器人技術對倉儲物流領域的影響尤為顯著。2023 年，

全球倉儲物流市場規模達 5,042.8 億美元,預計在未來幾年內以 5.7% 的年均複合成長率持續擴大,2030 年將達到 1.01243 兆美元。先進機器人解決方案正在引領這種成長。

亞馬遜與阿里巴巴是這個領域的先驅。亞馬遜的物流中心部署了超過 75 萬台機器人來協助員工,讓工作場所更安全,並提升員工的熟練度。這些搭載 AI 的機器人能探索倉庫複雜的格局,避開障礙物,找出最有效率的路徑,並將貨架抬起、移動至人類員工面前,再由這些人完成包裝與配送。這大幅提升了訂單處理速度、減少了錯誤率,並降低了勞動力成本。

另一方面,阿里巴巴的物流公司菜鳥網路使用 AI 機器人每天處理 100 萬筆訂單,確保即使在購物旺季也能迅速且準確地出貨。這些機器人會自動揀選和打包商品,並將包裹分配到正確的出貨位置。碰到重要節慶或購物節時,其自動化倉庫裡的 700 台機器人最多可以處理 8 億筆訂單,大幅提升了效率。

醫療、農業及災區的機器人應用

AI 機器人的潛力,已經超越倉庫等受控環境,進一步擴展到更複雜的領域,尤其是在醫療、農業、災害應對以及城市基礎設施等方面,它們已經發揮了重要作用。

在醫療領域,AI 機器人正在改變手術、診斷及治療方式。

像達文西系統這樣的手術機器人，可以提高微創手術的精確度，縮短恢復時間並改善治療效果。全球手術機器人市場規模在 2023 年為 74.4 億美元，預計會以年均複合成長率 15.7％ 的速度持續成長，在 2032 年達到 275.1 億美元。此外，機器人也可以改善診斷功能，在病情惡化之前及早預防。例如，透過比真人醫師更快速地分析醫學影像，就有機會提前發現癌症等疾病，提高病人存活率。

在農業領域，AI 機器人能夠解決勞動力不足與糧食需求增加的問題。2023 年全球農用機器人市場規模為 72.1 億美元，預計會以 16.7％ 的年均複合成長率持續增加，到 2032 年時達到 289.6 億美元。像 Harvest CROO 這樣的機器人，會利用 AI 技術進行採收，從而降低勞動成本並提高生產效率。藍河科技（Blue River Technology）的 See & Spray 系統則運用電腦視覺技術，能夠識別並除去雜草，大幅減少化學藥劑的噴灑，推動永續農業普及和發展。

AI 機器人也很適合用於災害應對。這些能夠在危險環境中行動的機器人，可以搜尋生還者並運送重要物資。2020 年澳洲森林大火時，救難隊利用搭載 AI 的無人機調查災害區域，協助指揮消防行動，證明了緊急情況下機器人技術的重要性。這些機器人提升了災害應對活動的安全性和效率，使救難作業更迅速、更有效。

另外，AI 機器人能夠檢查橋梁、隧道及建築物，及時掌

握結構性問題，改善城市基礎設施的維護和建設過程。例如，Fastbrick Robotics 的 Hadrian X 機器人運用 AI 技術精確且快速地堆砌磚塊，不僅大幅縮短施工時間，還能減少建築廢料。建築機器人市場可望以 15.5％的年均複合成長率持續壯大，至 2028 年規模預計可達到 6.818 億美元。

在BMW工廠工作的AI機器人

2024 年初，AI 新創公司 Figure 宣布其銀色人形機器人在 BMW 工廠獲得了第一份工作，這個消息迅速引起了廣泛關注。這款機器人的問世，說明通用機器人技術已經取得了相當大的進展。

目前，許多公司正在開發各類人形機器人，它們的硬體結構和學習方式五花八門，數量也在迅速增加，但都抱持相同目標，那就是代替人類以更低的成本和更一致的效率，執行各種物理性任務。

隨著機器人能執行的任務越來越多，相關企業能夠銷售更多機器人，而這可能導致一個有趣的發展：經濟成長與人口數量脫鉤，機器人成為新的勞動力來源。儘管目前用於訓練和控制這些機器人的 AI 模型還處於初期階段，但其進步速度令人印象深刻。特別是當這些人形機器人開始使用像 OpenAI 的語

音引擎和語言模型進行交流時，將實現與傳統工業機器人截然不同的人機互動層次。

Figure 的人形機器人是 AI 技術如何影響製造業一個引人注目的例子。未來，這些機器人將如何發展並影響我們的生活，相當值得期待。

雖然真正的通用人形機器人仍是未來的遠景，但各大公司正在努力讓這些機器人能夠盡快執行實用性任務。對這些公司來說，汽車製造公司似乎已成為測試早期人形機器人的理想試驗場。例如，Apptronik 與梅賽德斯－賓士（Mercedes-Benz）簽署了協議，測試其阿波羅（Apollo）機器人；特斯拉則利用其龐大的汽車生產設施訓練和測試自家的 Optimus 機器人，以挖掘其早期應用價值。

在 BMW 工廠工作的 Figure 02 機器人，曾透過 YouTube 影片展示了它的能力。在影片中，這款機器人學習如何抓取大型且形狀複雜的物品，並在移動時避免碰撞其他物品。儘管單手抓起兩個小物件看起來並不特別，但它能夠識別物品放置方向錯誤，並將其調整至正確方向的場景，著實讓人眼前一亮。

然而，若僅是這些簡單的動作，Figure 02 機器人何時才能開始在生產現場工作，仍是個未知數。不過，儘管初期運行可能速度較慢且功能有限，但隨著 AI 行為模型的發展，它對動作和技能的學習速度預計將大幅提升，令人拭目以待。

想讓AI機器人走出倉庫必須解決的問題

儘管 AI 機器人技術取得了顯著進展，但要將其整合到更加複雜的環境中，仍然需要解決技術限制、監管障礙以及道德考量等挑戰，這些都是技術發展過程中不可避免的議題。例如，為了更廣泛地運用 AI 機器人技術，必須解決的技術挑戰是如何在多樣且不可預測的環境（不同於倉庫這樣的受控環境），保證 AI 算法的可靠性。研究人員正在努力提升 AI 模型的適應性和決策能力，以應對更為複雜的情境需求。同時，AI 和機器人技術的監管框架仍在逐步完善當中。為了保證技術的安全性和倫理性，政府及相關機構需要制定清晰的指導方針，這包括解決對資料隱私、網路安全和就業的潛在影響。隨著 AI 機器人技術發展，倫理問題會變得越來越重要。尤其是在醫療和執法等涉及關鍵決策的領域，應用 AI 時必須謹慎監管，以避免偏見並確保公正性。同時，還需要妥善應對自動化和工作流失對勞動力造成的經濟影響等擔憂。

3
最適合機器人訓練的生成式 AI

☰

　　一直以來，大眾都認為「創造力」是人類獨有的能力，但這樣的刻板印象正在逐漸瓦解，因為生成式 AI 逐漸能夠做到越來越多事情。生成式 AI 與機器人技術的融合，正在引領一場典範轉移，具有改變從醫療到娛樂等各種產業的潛力，從根本上改變人類與機器的互動方式。人們對該領域的興趣正在迅速增長，無論大學、研究機構或科技公司都在積極投入生成式 AI 和機器人技術。

　　生成式 AI 透過生成逼真的影像、創作音樂、編寫程式的能力，完善了人類的創造力。生成式 AI 的核心技術包括「生成對抗網路」以及「變分自編碼器」（Variational Autoencoders，VAE）。生成對抗網路透過生成器來生成資料，並利用判別器評估真偽，在圖像合成及資料增強方面有所突破。變分自編碼器則主要用於「無監督學習」（Unsupervised Learning），它會將輸入的資料編碼至低維度的潛在空間，主要用於異常檢測、去除噪音及生成新樣本。另一個重要發展，則是「對比語言和影像預訓練」（Contrastive Language-image Pretraining，CLIP）。它能將圖片與文字連

結,跨越多個領域理解上下文及語義,在跨模態學習上表現卓越。這些技術的進步,顯現了生成式 AI 在提升機器的創造潛力與理解力上的創新能力。

缺乏實際訓練數據的機器人

生成式 AI 的發展為機器人的功能和應用帶來了顯著進步,其中一個重要進展,是能夠用模擬訓練代替實際環境中的測試。這使得機器人能在被部署到現場前,先在模擬環境進行廣泛訓練,從而在不涉及實際測試風險和成本的情況下,快速且全面地學習。比方說,OpenAI 開發的 Dactyl 機器手臂在執行實際操作前,已經於模擬環境中完美掌握了魔術方塊的規則。這樣的流程使得機器人能在受控的設定下,進行大量且重複的實驗,這不僅能加快開發週期,還能保障機器人在實際條件下具備更好的性能。

資料增強(Data Augmentation)是另一個重要進展。生成式模型會透過生成合成訓練數據,來克服實際數據收集方面的挑戰。在現實世界的數據難以收集、耗時、昂貴的情況下,這項技術特別有用。例如,輝達利用生成式 AI 模型為自動駕駛汽車創造了多樣化、逼真的訓練資料集,涵蓋不同的光照條件、視角和物體形狀。這不僅能增強學習過程,還可以持續生成新穎多

元的資料集，進一步提升整體的可靠性和性能。

而 Google 在對機器人「抓取」功能的研究中，也加入了利用模擬生成數據來訓練機器人的過程。透過這樣的訓練，機器人在處理各種形狀、大小、材質的物體上，能力大幅提升，改善其從事分類及組裝作業的成效。麻省理工電腦科學與人工智慧實驗室開發了一個系統，能將 AI 生成的數據運用於無人機，讓它在更複雜且動態的空間裡有效地導航，提升應用程式的可信度。BMW 則使用 AI 模擬組裝生產線的配置與運作，打造出更優良的生產環境，減少停機時間，提升資源利用效率。

未來，生成式 AI 和機器人技術的結合將在幾個領域取得重大進展。其中，正在進行的強化學習[3]研究，是機器人透過反覆試錯來提升表現的關鍵領域。強化學習使機器人能夠自主發展複雜的行為並適應新的任務。DeepMind 開發的 AlphaGo 是強化學習的代表性案例，它成功掌握了高水平的圍棋技能，展現出強化學習在解決高難度問題方面的巨大潛力。

另一個研究領域是少樣本學習（Few-Shot Learning），這是一種讓機器人能夠用最少的訓練數據快速適應新任務的方法。舉例來說，GPT-3 只需要幾個例子，就能理解並執行新任務，展現少樣本學習的能力。將類似技術應用於機器人領域，可以大幅縮短訓練機器人執行新任務所需的時間和數據。

---

[3] 強化學習（Reinforcement Learning，RL）是一種透過為算法提供獎勵，促進特定目標的機器學習方法。

除此之外，開發適當的人機協作系統相當重要。當越來越多機器人融入日常生活，有一套能夠與人類共存且進行正向交流的系統是必要的。

然而，在迎接這樣的未來之前，生成式 AI 與機器人技術的整合，仍然面臨許多課題與道德考量。在技術層面，可擴展性是主要障礙。隨著 AI 系統越來越複雜、規模越來越龐大，要維持效率及可信度將越來越難。此外，AI 模型訓練數據的品質與數量平衡也是個挑戰。若訓練數據有偏差，就會導致結果出現偏差，甚至會強化既有偏差，造成不公正的優勢或劣勢結果。我們必須解決這樣的偏差，才能開發出公平的 AI 系統。

4
打造人形機器人的核心技術

≡

　　機器人有一個最終目標，那就是輔助、救助和照顧人類。在災難現場，救援人員可以使用機器人探索倒塌的建築內部，尋找生還者。在老齡化社會中，機器人可以幫助老年人做家事或提供藥物。在各種企業中，機器人可以用於倉庫內的物品運輸與庫存管理。

　　AI 企業正在積極地開發能實現這一切的技術。例如，DeepMind 公布了一項研究成果，能夠提升機器人在辦公室環境中的使用率。這個研究使用了大型語言模型 Gemini 1.5 pro，成功改善了 RT-2 機器人與人類的互動能力。

　　DeepMind 研究團隊利用一段拍攝於占地 836 平方公尺的辦公室空間，時長好幾個小時的影片，加上各種數據來訓練 RT-2 機器人。透過這樣的訓練，機器人能夠了解辦公室環境，辨識周遭物體，也能完成簡單的指令。特別的是，它能夠理解使用者的自然語言指令，做出適當的回應，舉例來說，當使用者問「手機充電器在哪裡」，機器人就會引導使用者至距離最近的插座。它能夠辨識特定場所並透過語音指引使用者，像是

告知會議室或洗手間的位置,引導使用者過去。此外,它也能辨識文件、圖像、手勢,依據使用者的指令完成任務。它還能找出特定文件、顯示地圖並引導使用者到達特定位置。

DeepMind 研究團隊強調,這次的研究成果,展現了機器人在辦公室環境中的應用潛力,使用率可望大幅提升。未來,該團隊計畫透過更多研究來提升機器人的功能,開發能實際運用於辦公室環境中的技術。

研究人員表示,RT-2 機器人在 50 次以上的互動中,達到 90％的成功率。此外,機器人還能執行較複雜的任務,像是去冰箱確認是否有特定飲料等。然而,目前還有部分功能不夠完善,舉例來說,機器人處理指令需要約 10～30 秒的時間,在處理某些複雜的任務時也會遇到困難。因此,要將 RT-2 機器人實際配置在家庭中,仍需要一段時間。

Google 透過這次的研究,展現了機器人技術的潛力,並提高了人們對未來機器人功能的期待。超越單純的自動化作業,我們距離不僅限於簡單的自動化操作,而是能進行更加精密的人機互動的日子,又更近一步了。

這款機器人所使用的核心技術,是一項名為 Mobility VLA(Mobility vision-language-action)的新技術,結合了能夠處理文字、圖像、影像、語音等各種資料的多模態 AI 與機器人的精密動作能力。首先,讓搭載 AI 的機器人觀看以口頭說明環境主要位置的影片,使機器人利用影片來了解環境,區分出主要位置並

記錄下來。在測試中，機器人對於畫地圖、語音指令、尋找玩具箱等包含視覺訊息的各種命令，都做出了回應。

舉例來說，使用者可以下指令，要求機器人畫出地圖，或是找出特定物品。機器人能夠理解自然語言指令，像是「帶我去可以畫畫的地方」，將使用者帶到正確的位置。這代表機器人不只能完成事先設定好的任務，還能理解人類的語言指令，靈活適應並執行。

為了機器人而生的「通用大腦」

總是走在時代尖端的企業家伊隆‧馬斯克預言，很快就會有數十億個人形機器人問世。未來的機器人世界，需要具備靈活適應能力、能滿足各種多元與複雜需求的高級系統。迅速抓住這個商機的企業是位於美國匹茲堡的新創公司 Skild AI。

這家公司由兩位卡內基美隆大學的前教授於 2023 年創立，旨在加速機器人的部署，並降低機器人開發及營運的成本。他們計畫開發一款能適應各種機器人的「通用大腦」，希望能將它擴大運用於家庭及工業環境中的機器人。

該公司表示其 AI 模型使用比對手大一千倍的資料集進行訓練，適用於各種機器人，能在家庭及工業環境中處理複雜的任務。該公司目前已完成 3 億美元的 A 輪（第一輪）融資。

準備大量生產的AI Mindbot

由本・格策爾擔任執行長的 SingularityNET 定義了通用人工智慧，引領著技術發展。該公司開發了許多人形機器人相關的 AI 技術，並以非營利方式公開分享。為了因應快速增長的人形機器人市場，公司決定開發名為 Mindbot 的人形機器人，並將其商業化。2024 年初，公司設立了子公司 Mind Children，任命克里斯・庫德拉（Chris Kudla）為執行長，組成開發團隊，正式投入開發。

Mindbot 高約 1 公尺，重約 20 公斤，是兒童外觀的 AI 人形機器人，具有教導小孩、幫助老年人的功能。它在語言教育上特別具優勢，也可與使用者進行帶有情感交流的對話，幫助減少現代社會的寂寞感與孤獨感問題。此外，它與 ChatGPT 連結，能夠快速且正確地回答問題。

Mindbot 最大優勢在於它能與人進行對話，並做出各種表情，讓機器人與人類之間可以進行具情感交流的對話。此外，它以輪子移動，能夠解決雙足機器人穩定性不足易跌倒以及價格昂貴的問題。Mindbot 的價格預估會落在 2～3 萬美元。

SingularityNET 選擇韓國為 Mindbot 大量生產的基地，並在韓國設立了 AIMindbot 公司，負責生產、全球出口及韓國國內獨家銷售。AIMindbot 將從 Mind Children 接收所有關於 Mindbot 的資訊，預計在 2025 年初生產原型機，完成所有測

試、認證及準備大量生產。目標是在 2026 年正式開始販售。

AIMindbot 預計會與 AI 專業公司 IVS，以及具有豐富機器人製造經驗的 YUJIN TECH1 合作推動事業。美國的 Mind Children 與韓國的 AIMindbot 將會建立策略合作關係，目標是打造出性能及功能具有差異性、堅固、安全且價格具競爭力的 Mindbot，推廣至全球，引領全球人形機器人市場。

機器人產業的未來

管理著超過 700 億美元資產的科技投資公司科圖（Coatue Management）近日發布了一份綜合報告，探討 AI 人形機器人與機器人技術的現狀及未來前景。雖然我們無法在一夜之間看到所有家庭都有機器人管家，但根據這份報告，我們正處於這場持續且深遠之改變的臨界點。不久後的將來，機器人會成為我們生活的一部分，隨著 AI 與機器人技術提升，從製造到醫療領域，許多產業都會面臨徹底重塑。

不過，科圖也指出，由於實踐上的物理限制、高昂的初始成本，以及初期生態系統尚不成熟等因素，機器人技術不會像 ChatGPT 那樣迅速被大眾關注並成為主流。

科圖預測，未來的機器人不僅能完成簡單的重複性任務，還能執行更複雜的工作，例如消防、外科手術以及居家支援

等。該報告還強調，人形機器人的核心競爭力將不再局限於硬體，而是取決於 AI 技術和高品質的訓練數據，這將成為其最大的差異化優勢。

5
更像人類的人形機器人

☰

人類與動物能夠敏捷活動，是一種進化的奇蹟，目前尚無任何機器人能夠完全模仿。而 Google DeepMind 與哈佛大學的神經科學家正在挑戰這一極限。

人類的運動能力扎根於物理世界，並以經驗為基礎。正是這兩個關鍵因素，使我們能夠輕鬆地探索各種環境。然而，想將其應用於機器人領域卻會遭遇巨大障礙。儘管經過數十年的研究，神經科學家依然無法完全揭示大腦如何控制和調節運動機制。雖然研究人員已掌握與運動相關的大腦活動模式，但究竟是哪種神經迴路會觸發這些運動呢？為了解答這個問題，研究團隊嘗試以數位化形式重建這個過程，試圖找出答案。

這項研究以老鼠為研究對象，研究人員記錄老鼠的神經訊號，再利用這些資料，開發出一種能控制並複製自然動作的生物力學模型演算法。這項研究的終極目標，是將大腦的變化轉換成能操控機器人的演算法，讓神經科學家能更深入了解大腦運作。

到目前為止，這項策略已成功應用在解讀與視覺、嗅覺、

人臉辨識相關的大腦運算。然而，要建立動作模型並不容易，因為每個個體的動作都有些微不同，而且大腦紀錄中的雜訊會降低 AI 的靈敏度。為了解決這個問題，研究團隊運用了豐富的數據。首先，他們在運動場上放了好幾隻老鼠，並設置了六台攝影機拍攝老鼠的動作，總共拍攝了 607 個小時的影像。另外，研究人員還將 128 個電極植入老鼠大腦，以記錄老鼠的神經活動。

研究團隊利用這些數據訓練了類神經網路（也就是虛擬老鼠的大腦）來控制身體動作。經歷多次試錯後，AI 能做出與真實老鼠幾乎一致的動作。令人驚訝的是，虛擬老鼠透過學習探索新環境的能力，就能在陌生的場所中輕易地應用運動技術。這項研究是 AI 領域十分重要的進展。科學家如今更了解生物大腦的運作方式，並且能將這些知識運用在機器人設計。若未來有更多相關研究，距離打造出像人類或動物自然且敏捷活動的機器人就不遠了。

具有自我修復能力的機器人

隨著機器人在運動方面變得更加自然，外觀越來越接近人類，再加上 AI 技術的發展，人形機器人正向前邁出一大步。

東京大學的研究團隊，從人類的皮膚及韌帶中得到靈感，

發現了將生物工程皮膚組織結合至複雜形態的人形機器人的方法。該團隊的竹內昌治教授表示，這項成果的潛在優勢，除了使機器人外觀更加逼真，還包括改善其移動能力、實現自我修復以及內建感測功能。這項研究甚至可能在美妝產業和整形外科醫生的培訓中發揮作用。

竹內昌治教授是結合生物學及機械工程學的「生物混合機器人」（Biohybrid Robotics）領域的先驅。他的研究室使用 3D 列印方式在實驗室培養的生物肌肉組織，以及具自我修復功能的人工皮膚，成功打造出了迷你機器人。他模仿人類皮膚與韌帶結構，透過在固體材料上設計特製的 V 型穿孔，成功找到將皮膚與複雜結構結合的方法。

過去，為了將皮膚組織附著在堅硬的表面，通常會使用小鉤子或小掛鉤類的工具。然而，這樣子能使用的表面種類有限，機器人在動作時也很容易造成損傷。這次找到的新方法，透過精心設計的小孔，使得皮膚能夠適用於任何表面。

其祕訣在於使用特殊的膠原蛋白凝膠來黏貼。研究團隊使用常見的塑膠黏貼技術「電漿處理技術」（Plasma Treatment），將凝膠引入孔洞內的細微結構，成功將皮膚緊密地黏在表面。

這項研究成果，讓我們距離擁有真實皮膚的自我修復機器人更近了。竹內昌治教授認為，若能內建感測器，這項技術就能使機器人具有更佳的環境辨識能力以及互動功能。這項技術有望能運用在防止皮膚老化、化妝品、外科手術以及整形手

術等研究。研究團隊的終極目標是打造出一種整合汗腺、皮脂腺、毛孔、血管、脂肪及神經，更厚、更真實的皮膚。

第 6 章

AI 醫療革命

1
長壽逃逸速度期中檢查

☰

到目前為止，疾病治療和預防領域的大部分進展，都是尋找有效治療方法的線性努力成果。由於缺乏系統探索所有可能療法的工具，至今發現的許多療法很大程度上依賴於偶然性。在醫學中，最值得注意的偶然發現可能是引發抗生素革命的盤尼西林。據估計，盤尼西林至今已拯救約 2 億人的生命。若沒有這樣的偶然發現，研究人員想透過傳統方法實現突破性成果，除了需要投入大量的時間與金錢，還需要極大的運氣。為了徹底檢驗所有可能的藥物分子，研究人員不得不仰賴大量篩選與繁瑣的實驗，這種方式非常緩慢且效率低下。

然而，這種方法也確實帶來了巨大的發展。一千年前，因霍亂或痢疾等疾病導致幼兒或青少年死亡的情況非常普遍，當時歐洲人的平均壽命僅為 20 多歲。如今這些疾病已成為容易預防的病症。到 19 世紀中葉，英國和美國的預期壽命已經增加到 40 多歲。截至 2023 年，大多數發達國家的平均壽命已超過 80 歲。因此，人類在過去一千年間將預期壽命延長了近三倍，並且在近兩百年內就延長了兩倍。這主要得益於我們開發

了防止外來病原體（如細菌和病毒）侵害的方法。

時至今日，針對外部病因的防治工作已取得了大部分成果。剩下的疾病和障礙，大多源自於我們身體深處。當細胞出現功能障礙或組織受損時，就會導致癌症、動脈硬化、糖尿病和阿茲海默症等疾病。雷蒙・庫茲維爾將預防和治療這些疾病並實現壽命延長的技術發展，比喻為「四座橋梁」。

庫茲維爾認為只要越過這四座橋梁，就能達到「長壽逃逸速度」（Longevity Escape Velocity）。當人類透過醫療和技術的進步，能夠在一年內將平均預期壽命延長一年以上，就是達成了長壽逃逸速度。庫茲維爾認為一旦達到這個階段，只要不發生重大意外，人類就能夠永生。

通往長壽的四座橋梁

透過生活習慣、飲食習慣和營養補給品，可以在一定程度上降低慢性疾病的風險，這是第一座橋梁。然而，這僅僅是讓無法避免的事情延後發生。這也是 20 世紀中期以後先進國家預期壽命增長趨勢放緩的主因。舉例來說，從 1880 年至 1900 年，美國的平均壽命從約 39 歲增加到 49 歲；然而，當醫學的重心從傳染病轉移到慢性和退化性疾病時，也就是 1980 年至 2000 年，平均壽命只從 74 歲增加到 76 歲。

庫茲維爾表示，進入 2020 年後，人類已開始跨越第二座橋梁，也就是將 AI 與生物技術結合來對抗退化性疾病。AI 已被應用於開發新藥，他預測再過 10 年，我們將開始用數位模擬的方式來加強傳統緩慢且不夠精確的人體臨床試驗，最終目標則是完全取代傳統方式。

　　相關領域最早且最重要的案例，出現在遺傳學領域。2003 年，人類基因組計劃完成後，基因組定序的成本平均每年能夠降低一半。庫茲維爾指出，雖然 2016 年至 2018 年間其成本曾短暫停滯，並因新冠疫情而放緩，但隨著 AI 在基因定序中的角色日益重要，這一趨勢將再次加速。2003 年時每個基因組的定序費用約為 5 萬美元，而到 2023 年初已經降到了 399 美元。

　　隨著 AI 在越來越多醫療領域發揮作用，與上述基因組定序類似的趨勢將大量出現。儘管 AI 對臨床的影響才剛起步，但我們已進入這個指數增長曲線的初期階段。實際上，人類正處於將醫學轉變為資訊技術的過程，並即將解決目前限制人類最長壽命（約 120 年）的生物學因素，包括粒線體基因突變、端粒長度縮短，以及導致癌症的細胞不正常分裂等問題。

　　庫茲維爾提到，實現壽命延長的第三座橋梁，是能夠聰明維護全身細胞的醫療奈米機器人問世。預計在 2030 年代問世的奈米機器人，將由 AI 主動控制並執行多元任務。庫茲維爾認為，我們將能以類似維修汽車的方式來維護人體。換句話說，就像汽車只要不出重大車禍或是完全毀損，就能無限次維

修或更換零件一樣,智慧奈米機器人能夠針對個別細胞進行修復或是升級,徹底克服老化問題。

第四座橋梁則是將大腦數位備份的技術,預計會在 2040 年代實現。雷蒙・庫茲維爾認為,人類本質的核心不在生物大腦本身,而是大腦表現和處理的特定資訊模式。若能夠正確地掃描這些資訊模式,就能把它們複製到數位基板上。這樣一來,即使生物大腦被破壞,大腦所有者的身分也不會消失,只要透過安全的備份與複製,就可實現永生。

2
揭開人體蛋白質的神祕面紗

≡

　　所有生物都擁有 DNA 或 RNA，這些物質提供進行自我複製和製造蛋白質必須的遺傳訊息。蛋白質約占人體的 75%，能夠組成肌肉、酵素、荷爾蒙、血液、毛髮和軟骨。因此，理解蛋白質就意味著對生物學的許多部分有更深入的認識。

　　DNA 的核苷酸鹼基或是部分病毒的 RNA 會將這些遺傳訊息編碼，而基因組定序技術能解碼其排列順序。1990 年到 2003 年，經由全球各大組織的合作，人類基因組計劃完成了人類基因組全面定序。儘管為前 1% 基因組定序就耗時 7 年，隨著技術快速發展，完成其餘 99% 只用了 7 年。截至 2003 年，科學家已完成約 32 億個核苷酸鹼基對序列，這些鹼基對編碼了人類基因組約 2 萬～ 2.5 萬個基因。然而，想要理解蛋白質的功能，進而修復蛋白質異常運作，仍然是一項艱難的挑戰。

預測基因組定序及蛋白質構造

各種蛋白質的結構對它的功能至關重要,而其結構是由胺基酸的序列所決定。如果蛋白質錯誤折疊,導致形狀不正確,就可能引起神經退化疾病、囊性纖維化以及第二型糖尿病等疾病。想要理解這些疾病,進而研發治療方法,就需要了解蛋白質的結構。

在 2016 年以前,研究人員只能透過「單晶 X 射線繞射技術」來確定蛋白質結構,這種實驗室技術會以 3D 方式呈現分子內原子和分子的正確排列。這項技術確定了大約 20 萬種蛋白質結構,成本高達數十億美元。

2016 年,DeepMind 的深度學習程式 AlphaFold 問世,它能夠解讀胺基酸序列,並準確預測蛋白質的 3D 結構。截至 2022 年 7 月,AlphaFold 已經成功預測出 2.14 億個已知的鹼基序列基因所對應的蛋白質結構,並將所有預測出的蛋白質結構數據免費公開。

若想有效因應非傳染性疾病並設計新藥,科學家必須更深入了解蛋白質,尤其是酵素,會如何與小分子結合。酵素是能促進和調節生化反應的蛋白質催化劑。

新開發的小分子藥物,通常會設計成能夠與疾病相關的蛋白質結合,並透過調節活性,從而影響疾病的發展。2024 年 5 月 8 日推出的 AlphaFold 3,能夠準確預測蛋白質的結構,以及

小分子能與蛋白質結合的位置，進一步增強研究人員在新藥開發方面的能力。

AI與CRISPR結合，合成新的蛋白質

2015 年，CRISPR 技術的開發在基因編輯領域引起了革命。這項技術又被稱為「基因剪刀」，能夠對基因的特定部分進行修改或刪除、使細胞產生更多或更少的基因產物，甚至能將完全不同的基因插入。

2020 年，珍妮弗・道德納（Jennifer Doudna）與埃馬紐埃爾・夏彭蒂耶（Emmanuelle Charpentier）因為開發基因編輯技術而獲得諾貝爾化學獎。透過這項技術，原本需要歷時數年、耗費巨額成本、極為困難的基因編輯，如今可以在短短幾天內以較低的成本完成。

CRISPR 與 AI 的結合仍在初期階段，一旦技術更成熟，不只能在醫學領域發揮作用，治療長久以來的疾病，也有望用來應對各種全球性危機，例如氣候變遷。舉例來說，可以先運用 AI 設計蛋白質，再透過由 CRISPR 技術改造的細菌來生產這些蛋白質。而在這個過程中所產生的酵素，將能吸收二氧化碳與甲烷，釋放有機原料，或是分解塑膠製成混凝土替代品。考慮到基因改造生物體已在農業及製藥領域占據美國經濟的 2%，

上述的目標並非不可能。

目前，已經有兩組研究團隊成功製造出以各自的 AI 系統所設計的功能性酵素。華盛頓大學的大衛・貝克（David Baker）所帶領的蛋白質設計研究所，已研究出一套基於深度學習的蛋白質設計策略，並成功依此製造出一種獨特的發光酵素。同時，生物技術新創公司 Profluent 融合了所有的 CRISPR 知識，並利用經訓練的 AI 設計出具有新功能的基因編輯器。AI 若能學會打造新的 CRISPR 系統，製造出地球上不存在的生物發光酵素，設計新的客製化酵素將不再只是夢想。然而，我們必須銘記在心，當技術越強大，風險也會越大。

3
防止與逆轉老化

≡

2009年,人類向長壽邁出了新的一步。舊金山大學教授伊莉莎白・布雷克本(Elizabeth Blackburn)、約翰・霍普金斯大學醫學院教授卡蘿・格萊德(Carol Greider),以及哈佛大學醫學院教授傑克・索斯塔克(Jack Szostak)因首次發現「端粒」而獲頒諾貝爾醫學獎。端粒是細胞分裂時負責修復染色體末端的酵素。當末端越來越短,無法再修復時,就會發生老化現象。目前,醫學界投入了很大的努力研究維持端粒以保持年輕的方法。

在老化相關研究中,「端粒酶」幾乎與端粒的發現同時受到矚目。端粒酶是負責合成和延長端粒的蛋白質複合物,而端粒酶反轉錄酶在保護細胞染色體末端的端粒方面發揮著相當重要的作用。然而隨著時間流逝,尤其是在自然老化、阿茲海默症及其他老化相關疾病開始時,端粒酶會因為表觀遺傳靜默作用,導致活性逐漸降低,最終可能導致DNA受損、炎症、老化、組織損壞以及癌症。

開啟治療老化及相關疾病的大門

近來,德克薩斯大學安德森癌症中心的教授羅納德‧德皮尼奧(Ronald DePinho)與科學家們發現了一種小分子化合物,能將一般隨著老化而被抑制的端粒酶反轉錄酶恢復到正常水準。

德皮尼奧的研究團隊在此之前已經證明,若將生物體內的端粒酶反轉錄酶基因去活化,就會出現提早老化的現象,但若將端粒酶反轉錄酶重新活化,就能逆轉老化。研究人員還觀察到,某些特定細胞如神經元或心臟細胞,無須經過合成端粒必要的正常細胞分裂程序,就能夠恢復活性與年輕狀態。

研究人員透過這項觀察發現,端粒酶反轉錄酶除了幫助合成端粒外,還有其他的功能。研究人員藉此提出了一套假說,認為端粒酶反轉錄酶的活性水準,在整個老化過程中非常重要。以這項研究結果為基礎,研究人員設定了目標,希望研發出能使端粒酶反轉錄酶的活性恢復正常水準的藥物。

研究團隊為了在相當於人類 75 歲的實驗老鼠模型中,找到能重新活化端粒酶反轉錄酶的化合物,篩檢了超過 65 萬個化合物,最終成功發現了能活化端粒酶反轉錄酶的化合物。研究人員將這個化合物給予實驗老鼠長達 6 個月後,觀察到老鼠的腦部海馬迴區形成了新的神經元。這使老鼠的認知能力提升,與記憶及學習相關的基因也增加了。這項研究顯示,端粒酶反轉錄酶及相關化合物,在老化及相關疾病上扮演著重要角

色。若此研究結果能在臨床研究中進一步證實，將能為治療阿茲海默症、帕金森氏症、心臟病及癌症等老化相關疾病帶來新的進展。

　　此外，研究團隊發現，當給予端粒酶反轉錄酶活化化合物，因老化而引起的各種發炎指標也減少了，這與化合物能夠抑制細胞老化的核心 p16 基因有關。團隊還發現，端粒酶反轉錄酶活化化合物能逆轉老化導致的肌肉質量、肌力和協調能力自然下降的現象，也就是俗稱的肌少症。具體而言，老鼠的握力、速度、協調力及神經肌肉功能均明顯增強。

　　德皮尼奧教授表示：「端粒酶反轉錄酶活化化合物，能夠快速被包含中樞神經系統在內的所有組織吸收，這些臨床前測試結果令人振奮。」他還補充道：「透過深入了解主導老化過程的分子機制，我們能夠發現可行的藥物靶點，找到有望阻斷慢性疾病發生的根源。」

4
治療身體的微型機器人

在前面的章節中，我們探討了人形機器人的未來。一般來說，當我們提到機器人，聯想到的會是像成人大小或是更大的機器人，包括在醫療上使用的大型達文西機器人。然而，未來在醫療領域，尺寸迷你的微型機器人將會受到矚目。

首先要介紹的機器人，是讓內視鏡檢查更便利的膠囊機器人 PillBot。這款由 Endiatx 公司開發的膠囊狀微型機器人，能讓醫師透過智慧型手機應用程式遠距檢查胃的狀況，並使病患輕鬆接受內視鏡檢查。根據該公司網站，這款機器人正在進行臨床實驗，預計將於 2025 年取得美國食品藥物管理局（FDA）批准。

全球有 80 萬胃癌病例因為太晚確診而無法及時接受有效治療。這有部分是因為內視鏡檢查在胃癌檢測中雖然效果顯著，但只能在配備專業人員和設施的地方進行，而且通常需要提前預約。根據 PillBot 的開發者表示，這款微型機器人能夠減輕醫療機構的負擔，推動遠距醫療，使不便就醫的人也能接受胃癌檢查，拯救更多生命。

這款大小為 13 毫米乘以 30 毫米，相當於綜合維他命大小的膠囊機器人，在噴射泵推進器的幫助下，能在胃中自由移動。使用者在清醒的狀態吞入膠囊機器人，醫師就能透過智慧型手機應用程式，操控病患體內的機器人。膠囊機器人會在 6～24 小時以內停止運作，接著自然排出體外。除此之外，研究團隊正在嘗試使用 AI 來進行初步診斷，再由醫師制定治療計畫。

目前膠囊機器人的移動以及攝影機控制，都還需要由醫師手動控制，未來則有望將機器人與 AI 結合，達到完全自動化。研究團隊計畫將此技術擴展至檢查腸道、血管系統、心臟、肝臟、腦部及其他身體部位。

膠囊大小的機器人，還能收集腸道內微生物

除了胃之外，有一種能夠在小腸內移動、有助研究腸道內微生物的機器人也被開發出來了。塔夫茲大學工學院的研究團隊開發出一款維他命大小、可吞下的裝置，用來收集通過腸道的微生物完整清單。

腸道微生物群在維持身體及心理健康上十分重要。目前用於評估微生物群的方法是分析糞便樣本中發現的 DNA 及代謝產物，這樣的方法只能從廢物中得知曾有哪些腸道細菌存在，

無法得知腸道內微生物的完整情況。

研究團隊開發的這款 3D 列印、維他命大小的膠囊，擁有柔軟且彈性的表面，能夠感應酸鹼變化而打開 pH 敏感型開口端，當膠囊通過胃進入小腸後，就會開始收集微生物樣本。等樣本收集告一段落，聚丙烯酸鈉小珠子就會膨脹堵住開口，接著跟排泄物一起排出。

根據研究論文所述，研究團隊認為「這款『lab-on-a-pill』裝置，將徹底改變我們對腸道微生物群的認知，包含微生物如何分布、對人體健康狀況影響，以及對治療的反應」。

這款膠囊的早期版本，已在豬和靈長類動物身上進行實驗，並成功通過臨床前動物試驗，為人體臨床試驗鋪平了道路。透過其取得的腸道菌群詳細清單，具有了解整體健康狀況的潛力，不僅將能作為診斷工具，也將有助調整微生物群以治療特定疾病。

有望治療癌症的微型機器人

慕尼黑工業大學的研究團隊，開發了世界首款能夠探索細胞群並刺激單個細胞的微型機器人 TACSI。這款機器人展現了微型機器人在癌症治療及傷口修復領域的創新應用潛力。

奈米及微型機器人學教授柏娜・奧茲卡勒・艾德曼（Berna

Özkale Edelmann）表示，這項技術應該會在開發新的人類疾病治療方法上，扮演至關重要的角色。

TACSI 是 Thermally Activated Cell-Signal Imaging（熱活化細胞訊號影像）的縮寫。簡單來說，這是一款可以透過加熱來活化細胞的影像系統。機器人取名 TACSI，與計程車的英文發音相同，就是希望它能像計程車一樣，直接「開往」研究人員想要研究的指定細胞位置。

TACSI 機器人呈圓形，大小約為人類頭髮直徑的一半，由金納米棒和螢光染料構成，並包裹著從藻類中提取的生物材料。這種機器人由雷射光驅動，可以在細胞之間移動，並能精確於細胞群內部或針對單個細胞進行刺激。其包裹的藻類生物材料增強了生物相容性，因此不會對人體造成傷害。該機器人還能進行加熱並維持特定溫度，因此可以用於需要特定溫度的治療方法。

利用這些特性，TACSI 機器人有望直接攻擊癌細胞或傳送抗癌治療藥物。它還可望能促進傷口處的細胞再生、加快傷口癒合速度、去除誘發炎症的細胞，或傳送能減緩炎症的物質。

TACSI 微型機器人與在工廠的人形機器人或機械手臂不同。整個系統包括一台用於放大小型世界的顯微鏡，以及由人類控制的電腦與雷射，用來驅動尺寸僅 30 微米的微型機器人。除此之外，這款機器人的另一個特徵是它不僅可以加熱，還能持續顯示溫度。由於它被設計成能準確地定位到個別細胞或細

胞群，並對其進行加熱，這一功能相當重要。

　　TACSI 機器人是一項具備十足潛力的技術，有望在醫學領域帶來劃時代的重大發展。未來，透過進一步研究，該機器人的功能將得到完善，並應用於治療各種疾病。

　　隨著機器人技術進一步發展，超越微型機器人的奈米機器人有望問世，未來應該能將藥物運送至因老化或疾病而出問題的身體部位進行治療。這正是雷蒙・庫茲維爾所敘述的「第三座橋梁」。

5
比傳統方式便宜且快一百倍的 AI 設計新藥

如果 AI 能在一夜之間製造出針對所有疾病的新藥,並為臨床試驗做好準備,那會怎麼樣呢?如果 AI 能設計出為病患量身打造的藥物,又會怎麼樣呢?

在我們探討 AI 將如何在數兆美元規模的製藥產業掀起革命之前,必須先了解現今的製藥產業有多麼僵化且緩慢。目前全球最緩慢且最僵化的其中一個產業,正是製藥產業。全球製藥市場在 2023 年總營收約為 1.6 兆美元,其中 5,500 億美元來自前十大製藥公司。以目前來說,推出一款新藥平均需要花費至少 25 億美元,且耗時超過 10 年。而且,能進入第一期臨床試驗的藥物,10 個有 9 個無法成功上市,最終只能淘汰。

但這一切馬上就會改變。AI 將能融合從基因表現到血液生物標記等所有領域的龐大資料集,開發出比現在便宜一百倍、開發速度快一百倍,且更精準有效的新藥,為製藥產業帶來革命。以下,我們來看看幾間特別引人注目的企業。

AI設計的新藥開始進入臨床試驗

　　首先要介紹的是英矽智能（Insilico Medicine）。它的使命是利用 AI 的力量推動創新的藥物開發過程，取代傳統緩慢且成本高昂的方式。亞歷克斯・扎沃朗科夫（Alex Zhavoronkov）博士所創立的英矽智能，利用 AI 迅速地識別新的藥物靶點，測試候選藥物，篩選出適合進一步開發的候選藥物。

　　英矽智能與其他公司的不同處，在於它使用生成對抗網路技術。一般傳統製藥公司需要 5,000 名員工才能完成的作業量，透過這種獨特的 AI 技術，只需要 50 名員工就能完成。英矽智能近期的里程碑，就是最好的證明。2023 年 4 月，美國食品藥物管理局准許英矽智能利用 AI 設計的低分子治療藥物進行臨床試驗。英矽智能後來將該藥物授權給 Exelixis 進行商業化。2023 年 6 月，由 AI 設計針對特發性肺纖維化的新藥，在第二期臨床試驗中首次給病患使用。2023 年 11 月，英矽智能的 AI 驅動靶點發現引擎 PandaOmics，確認了一個具有「雙重用途」的靶點，可用於防止老化及治療腦瘤。最近一次則是在 2024 年 4 月，AI 設計的藥物 ISM3412，經美國食品藥物管理局核准其臨床試驗計畫，奠定了局部晚期和轉移性實體腫瘤成人病患臨床研究的基礎。接著在 2024 年 5 月，英矽智能與輝達合作，公開了一款新的大型語言模型 nach0，旨在解決生物及化學領域的相關問題。

生物分子結構預測

DeepMind 在 2024 年 5 月，公布了一款新的模型，能夠以前所未有的準確度，預測所有生物的分子結構與相互作用。AlphaFold 3 相較於目前的方式，預測準確度提升 50%以上，在部分關鍵的領域，甚至提升了兩倍。

已經有數百萬名的研究人員將 AlphaFold 2 用於瘧疾疫苗及癌症治療劑領域的研究，AlphaFold 3 是基於 AlphaFold 2 開發出來的。AlphaFold 3 不侷限於蛋白質，還能預測廣泛的生物分子。這項突破有望實現科學創新，例如開發生物再生材料、適應能力強大的農作物、加速設計藥物及基因組學研究等。

若使用 AlphaFold 3，科學家與藥物設計人員能從原子層級進行研究，建立假說並測試，只需要幾秒鐘就能預測出非常正確的結構。若以傳統的方式，這個過程可能需要幾個月或是幾年，相較之下，使用 AlphaFold 3 的速度令人驚嘆。

用數位模擬取代臨床試驗

AI 新創公司 SandboxAQ 的軟體能夠縮短識別化合物候選的時間、降低成本費用與風險，為製藥產業帶來革命性的變革。該公司的執行長傑克・希德瑞（Jack Hidary）說道，目前進入

臨床試驗的藥物中，有88％無法通過臨床試驗並取得許可，他還強調，針對目前仍沒有治療方法的7,000多種疾病，我們需要開發更有效的治療方法。

SandboxAQ將AI與模擬技術結合，以獨特的角度來解決問題。這間公司將生物製藥化合物以數位方式建模，模擬這些化合物與分子靶點之間的相互作用，生成用於開發治療方法的相關資料。若模擬的準確度提高，就能夠壓縮昂貴且失敗率高的臨床試驗過程。

AI與生物技術的結合

除了上述三家具代表性的企業之外，還有許多的AI企業致力於開發治療疾病的新藥。Rubedo Life Sciences是一家生物技術公司，它利用機器學習以及單細胞RNA定序，開發針對乾癬、硬皮症等老化相關疾病的創新治療藥劑。Verge Genomics是一家基於AI的生物技術公司，它透過平臺CONVERGE，為肌萎縮性側索硬化症等衰弱性疾病的新藥開發帶來革命性進展。BioAge Labs是將重點放在老化及代謝疾病治療法的先驅生物技術公司，它使用AI來發現及開發新藥。Phenome Health是將多體學（Multi-omics）、AI及大規模數據結合，致力於防止老化的非營利組織，由系統生物學研究及個人化醫學領域的先驅所

領導。

現代人的平均壽命超過 80 歲，若能確保充足且高品質的睡眠、均衡飲食及適當運動，就可能健康地活到 100 歲，但很難超過 100 歲。為了突破 100 歲這個限制，達到「長壽逃逸速度」，我們必須從分子層級來了解個體老化的原因，設計出能夠減緩甚至是逆轉老化過程的藥物。值得慶幸的是，先前提到的這些企業，正引領著 AI 新藥開發，加速實現延長人類健康壽命的未來。

6
增強人體的外骨骼

外骨骼的目的，是幫助肢體殘障人士或老人能夠再次自由行動，或是提升從事體力勞動工作者的力量與體力。這套以 AI 技術為基礎的裝備，正在不斷擴大應用範圍。

提到「外骨骼」，大部分人會聯想到的是電影《明日邊界》中，士兵所穿的巨大機器人裝備。然而，實際正在開發的外骨骼並不是用於戰鬥或超越人類極限的裝備，更像是繫在使用者腰部的腰帶，它會連結使用者腿部，在行走、跑步或上下樓梯時為腿部提供助力。不過，要讓這樣的裝備在使用者需要時能夠自然地動作，需要的技術比想像困難，必須對使用者的生物力學有深入的了解。雖然可以用使用者穿戴裝備時收集到的數據來訓練機器學習演算法，但是收集數據需要大量時間與費用。

然而，最近出現了無須實驗的新方法，因此引起了關注。北卡羅來納州立大學的博士蘇浩（Hao Su），在《自然》雜誌上發表了無須提供實際使用者數據，而是用模擬來訓練 AI 模型的方式，能夠大幅縮短技術開發週期。

從客製化走向現成的外骨骼

在過去,用於控制外骨骼的軟體需要根據特定活動進行精細的程式設計,並且需花費大量精力來為個別使用者進行調整。這通常需要在專業實驗室中對人體進行數小時的測試,因此大幅減慢了研究和普及的速度。儘管有研究團隊展示了無須額外訓練就能適應新使用者的 AI 通用控制器,但是要訓練這種控制器仍必須收集來自 25 位測試者的大量實驗數據。

北卡羅來納州立大學提出的新方法,是在模擬環境中訓練控制器,這消除了對大量人類數據的需求。透過數百萬次的模擬嘗試和強化學習,控制器可以學習在適當的時機提供適量的動力,以提高穿戴者的效率,並且整個過程僅需在單一 GPU 上運行 8 小時即可完成。

結果顯示,該模型能自動適應不同使用者獨特的動作模式,並且與需要使用者手動切換模式的系統不同,這款控制器可以在三種活動模式間自動切換。

在測試中,研究團隊發現,和未使用時相比,使用機械外骨骼行走時,減少了 24% 的能量消耗,跑步時減少了 13%,上樓梯時減少了 15%。

目前,研究人員的重點是改善適用於老年人和神經疾病患者的外骨骼。然而,這項能顯著提升人類動作力量與效率的技術,未來將被廣泛應用於各種領域。

第 7 章

日常生活中的革命性創新

1
超迴路列車實現極音速運輸

☰

　　未來，從首爾到釜山（相距約 320 公里）可能只需要 15 分鐘。就算是搭飛機，也不可能在這麼短的時間內抵達，這感覺是只會出現在科幻或奇幻作品中的情景。然而，科學家們正致力於開發超迴路列車（Hyperloop），其時速可達 1,000 公里。

　　超迴路列車又稱超級高鐵，是一種未來型交通系統，膠囊狀的運送艙會在通往目的地的真空管道中，以超高速移動。這項技術在 2013 年由伊隆・馬斯克首次提出，引起了廣泛討論，全球各地也開始投入超迴路列車的技術開發及試運行。

　　超迴路列車的基本原理，是建造能夠容納列車的寬闊管道來包覆列車，將所有空氣排出，消除空氣阻力。超迴路列車的概念源自真空列車，該模型的構想是使用磁懸浮技術，使列車在真空管道內移動。超迴路列車大幅改良了這個概念，使用超導磁鐵產生強大的磁場，形成推進力，再加上能夠加速與減速的線性馬達，以及能去除管道內殘餘空氣的壓縮機，將能源消耗及對環境的影響降到最低的同時，還能以時速 1,000 公里以上運行。這個速度比傳統列車快許多。

全球各地有許多家公司正致力於開發超迴路列車技術。美國的超級高鐵（HyperloopTT）公司，建造了全球首座超迴路列車測試隧道，並在2017年測試時，創下了時速超過400公里的紀錄。

中國頂尖的飛彈製造公司中國航天科工集團，宣稱設計出目前全球最快的列車。該公司在2023年11月於山西省大同建造了一條長2公里的測試軌道，使其超迴路列車創下了時速623公里的新紀錄，展現了令人驚豔的工程技術。受到這項里程碑鼓舞，公司下個目標是達成時速1,000公里，並開始進入第二階段工程，打造長60公里的軌道。它的終極目標是使列車時速達2,000公里，有望大幅改變交通動力學。

儘管超迴路列車有著驚人的潛力，然而要商用化仍面臨許多挑戰，包括基礎設施建設及維護費用高昂，且還有持續性的安全問題及法規障礙。除此之外，還需對高速運行時可能發生的安全問題進行徹底檢驗。即便如此，超迴路列車依然是全球企業爭相開發，炙手可熱的未來交通工具。

2
預計在 2025 年首次載客的垂直起降電動飛機

≡

　　無論是上下班通勤或週末出遊，當你碰到大塞車只能坐在車子裡時，是否曾幻想過如果天空中也有道路，能夠飛起來就好了？這樣的想法或許並不陌生，因為像《第五元素》、《關鍵報告》、《銀翼殺手 2049》等以未來為背景的科幻電影中，總能看到汽車在天空中的隱形道路上飛行。如今，這樣的飛行汽車似乎即將成為現實。

　　聯合航空（United Airlines）計畫在芝加哥及紐約運行未來型電動空中計程車（Electric Air Taxi）。美國軍方已經對此進行測試，並且已經有公司與其簽訂合約，預計最快在 2025 年，就會在杜拜啟動空中計程車服務。

　　波音（Boeing）、空中巴士（Airbus）等航空業巨頭，以及 Joby、Archer、Wisk、Lilium 等得到數十億美元創投的新創公司，目前正在爭相開發垂直起降電動飛機（Electric Vertical Take-Off And Landing，簡稱 eVTOL）。垂直起降電動飛機具有徹底改變現有交通方式的潛力。其優勢包括緩解都市交通壅塞、提供農村地區

緊急配送、減少碳排放，以及提供更安靜且更方便的短程航空旅行等。

不過，若想將這些未來願景化為現實，仍有許多問題需要解決。首先，在正式商用化之前，技術上還有不夠完備的地方。包含電池技術、噪音、安全性等部分，還有許多地方尚待改良。eVTOL 目前面臨的其中一項重大技術挑戰，是電池技術的限制。電池容量與能量密度是影響 eVTOL 飛行距離及性能的一大因素。雖然在過去十年，電池技術有很大的進步，然而目前的水準仍無法支持 eVTOL 商用化。這顯示 eVTOL 還沒達到與化石燃料驅動的產品相同水準，在長程飛行時，是個明顯的弱點。換句話說，eVTOL 目前的能力還無法媲美傳統運輸工具。不過，續航力可達數十公里，或是 100～200 公里的 eVTOL 電池，已足夠應付都市內的移動需求。開發具有更高能量密度、充電速度更快、壽命更長的電池，是發揮 eVTOL 潛力的關鍵。

雖然 eVTOL 的噪音比目前的飛機小，但在都市中運行時，依然可能造成噪音公害。另外，安全性也是很重要的課題。畢竟是新技術，可能存在未知的安全問題，因此必須有嚴格的安全標準及測試。實際上，eVTOL 歷經了數百次的測試飛行，還是曾出現安全問題，比方說 2022 年，一架 eVTOL 的螺旋槳葉片故障，2023 年則發生了撞擊事故，當時兩架 eVTOL 都是由遠距操控飛行。

必須解決電池問題，才能打通天空的道路

由於 eVTOL 的運作方式與傳統飛機不同，需要制定新的規範以及認證程序。然而，制定相關法規相當費時費力。舉例來說，若想建造空中的 4D 高速公路，就必須有一套完整的規範，從車輛的安全性到航空交通管理都必須包含在內。根據美國聯邦航空局的規範，別說是關於新技術的規範，光是空中計程車就仍需要由傳統的飛行員駕駛。若未來無人自動駕駛車法案通過，eVTOL 才有望進入下一階段，開放自動駕駛功能。還有，eVTOL 屬於航空運輸工具，國際間的合作非常重要。必須制定針對 eVTOL 垂直起降場建設及營運的相關規範與許可程序，同時也要評估及規範 eVTOL 的運作對周邊居民及基礎設施的影響。

要讓 eVTOL 成為大眾交通工具，首先要讓大眾相信它是一種安全且可靠的新交通工具。自駕車是以常見的汽車為基礎，大眾比較容易接受，但垂直起降飛機是全新的交通工具，因此必須要兼顧安全及可靠，才能成為大眾交通工具。另外，eVTOL 的價格在初期應會非常昂貴，若希望它不只是富人的玩具，則必須致力於降低成本。

eVTOL 是非常創新的技術，然而在商用化之前，仍面臨許多挑戰，包括技術、制度以及社會層面上的問題。要克服這些難題，必須持續進行研究開發及投入資金。若能克服這些難

題，eVTOL 將具有徹底改變未來交通工具的巨大潛力。

短期來看，若 eVTOL 通過認證，開始商業飛行，可能會著重在經營繞過地面道路的特定高需求路線。舉例來說，聯合航空計畫測試 Archer 的 eVTOL，進行從芝加哥市中心至歐海爾國際機場、曼哈頓至紐華克自由國際機場的短程航行。

儘管 eVTOL 的應用在初期可能僅限於軍事或緊急情境，但該產業的最終目標是擴大應用範圍，讓一般民眾也能使用，這是邁向更環保的都市交通發展的重要一步。

隨著這些交通工具克服行業中的諸多障礙，以及未來幾年支持營運所需的相關規範逐步完善，我們將見證航空交通領域的深刻變革。天空將提供一個全新的連結維度，重新定義城市以及我們探索城市的方式。

3
自駕車變得比人類駕駛更安全

☰

根據世界衛生組織,全球每天有 3,200 人死於交通事故。若駕駛的安全性稍微改善,就會有很大的差異,這是支持轉為自駕車的主要論點,若由機器來駕駛,就能減少人類的失誤。

然而近幾年來,自駕車捲入了多起事故,讓大眾對它的安全性產生質疑。對此,研究人員分析了幾千份自駕車及傳統汽車的事故報告。根據發表在《自然－通訊》(Nature Communications)上的研究結果,在大部分情況下,自駕車其實更安全。

中佛羅里達大學的研究團隊,將研究焦點放在進行最多自駕車測試的加州。研究團隊收集了來自美國道路交通安全局及加州車輛管理局的資料庫,以及新聞報導中關於自駕車的 2,100 起事故報告,與由加州高速公路巡警所收集關於人類駕駛的 3.5 萬起事故報告進行了比較。研究團隊使用「配對－對照組分析」方法,試圖找出具有極相似特性的案例,並透過控制所有可能影響碰撞的其他變數,調查駕駛員對碰撞發生可能性的影響。

研究團隊發現了 548 個符合項目，並比較了兩組的結果，顯示在大部分的事故情境中，自動駕駛車比人類駕駛更安全。

然而，研究團隊還發現了一些值得注意的事項。自駕車在凌晨或是黃昏時，發生事故的可能性是人類駕駛的五倍以上，在轉彎時則是接近兩倍。前者可能是影像感測器的技術限制，後者則可能是因為自駕車在轉彎時，預測其他駕駛行為的能力有限。但是，自駕車也有優勢，自駕車發生追撞事故的機率約只有人類駕駛的一半，側面碰撞的機率僅為五分之一。

此外，研究人員還發現，自駕車在下雨或起霧時，發生碰撞事故的機率是人類駕駛的約三分之一，這是因為自駕車所使用的雷達感測器不易受到壞天氣影響。

這樣的研究結果能夠做出什麼樣的解讀，依然存在爭議。研究團隊承認，因為自駕車的碰撞事故相關數據有限，研究結果的適用範圍也有其限制。不過，這項研究是量化自駕車技術潛在安全優勢的重要第一步，同時也顯示仍有幾個重要領域尚待改良。

4
能抵抗極端氣候的 3D 列印房屋

≡

近期有一棟 3D 列印房屋，證明了此項技術在極端天氣和地震帶也適用，成果令人驚豔。這棟 5 天內就能列印出來的房屋，成本遠比一般住宅更低。

這棟房屋位於哈薩克阿拉木圖，是中亞第一座 3D 列印房屋，十分受到矚目。該房屋由 BM Partners 所設計，使用了 COBOD 公司所開發的 BOD2 模型 3D 列印機列印，COBOD 公司是負責建造歐洲最大規模資料中心的 3D 列印建築公司。

為了列印出房屋的實際牆壁，要使用與我們看到的其他 3D 列印建築計畫相同的 3D 印表機，將水泥混合物透過噴嘴擠出並層層堆疊。

阿拉木圖擁有嚴格的建築物耐震設計規範，因此建造團隊使用了非常堅固的水泥混合物，打造出符合當地規範、可耐受地震規模高達芮氏 7.0 的建築。

這是一項劃時代意義的案例，證明了 3D 列印技術能夠快速且低成本地打造出堅固且符合永續發展的房屋。3D 列印房屋具有改變未來房屋建設方式的潛力，尤其適合缺乏低價房屋

且天然災害高風險地區。

這也向大眾展示了 3D 列印技術如何在住宅建造行業中發揮創新作用。未來，預計將有更多 3D 列印住宅投入建設，這將有助於普及經濟實惠、具有永續性的住宅。

3D 列印的房屋牆壁，雖然只需要 5 天就能完成，但在那之後，建築業者還需要安裝門窗與其他必要裝潢。從列印機設定到家具擺設完成，整個計畫耗時約 2 個月。內部總面積為 100 平方公尺，單樓層設計，配有大片玻璃窗及寬闊的客廳，格局簡單。

24小時就能蓋好的房屋

3D 列印技術起源於 1980 年代初期，是相對較新的技術，而運用在建築領域是近十多年來才開始的。3D 列印技術最初主要是用在小規模的模型，或是製作藝術品，後來隨著技術發展，也逐漸開始運用於建築物。

全球第一間 3D 列印房屋於 2014 年在英國建造。在那之後，美國、中國、印度等各個國家也都展開了 3D 列印房屋計畫。韓國在 2015 年也打造了第一間 3D 列印房屋，隨著政府與企業的擴大投資，相關技術與產業正快速發展。

相較於傳統的建造方式，3D 列印房屋有幾項優點。第一，

縮短建造時間。3D 列印機會以預設的設計來自動砌牆，比起傳統方式能夠大幅縮短建造時間。傳統的房屋建造通常要花好幾個月，而 3D 列印房屋只需要幾天或是幾週就能完工。舉例來說，2023 年美國德州所建造的 3D 列印房屋，僅花 24 小時就完工了。

第二，降低建造成本。3D 列印住宅的價格，雖然會依使用的技術、材料、設計及規模等因素而不同，但一般來說，會比傳統的建造方式便宜 10 ～ 30％。3D 列印能夠減少建築廢棄物的產生、降低人力成本，且當設計更動時也能更靈活地應付，降低整體建造費用。

第三，提升設計自由度。3D 列印能夠輕易地製作出複雜的結構，成功蓋出以傳統建造方式無法實現的獨特設計。

第四，環保。3D 列印能夠減少建築廢棄物產生，還可以設計和建造出高能源效率的建築，是目前備受矚目的環保建造方式。

因為有上述這些優點，3D 列印房屋可望成為未來房屋市場的主流。價格低廉、建造快速，以及可實現多樣化的設計，有望解決房屋量短缺的問題。

目前在 3D 列印房屋領域，有幾間值得注意的企業。美國的 ICON 是全球規模最大的 3D 列印房屋建設公司，目前正在進行位於德州奧斯汀的 100 棟 3D 列印住宅社區計畫。Apis Cor 使用移動式 3D 列印機，開發出可在現場直接建造房屋的技術。

法國的 XtreeE 開發出使用可生物分解的生物塑膠來取代水泥的 3D 列印房屋技術。中國的盈創則成功建造出全球首座五層樓的 3D 列印房屋。

5
垂直農業的發展程度

☰

　　垂直農業乍聽之下是很先進的頂尖技術，但其實原理很簡單，就是不使用土壤，而是將植物的根部插在含有營養成分的溶液當中栽培。這種創新的農業栽培方式正在快速擴張，至2029年為止，市場規模可望達到230億美元。

　　一般來說，無土栽培的植物，通常是在一排排架子堆疊的巨大溫室或是倉庫中培養。照明、溫度及溼度等參數可以由電腦系統來控制，因此垂直農業也被稱為「控制環境農業」。

　　垂直農業有三種類型：水耕栽培（Hydroponics）是將植物的根浸在營養溶液中；氣耕（Aeroponics）則是將植物根部暴露在空氣中，將含有豐富養分的霧氣或是噴霧噴灑在植物根部。魚菜共生（Aquaponics）是結合了魚類養殖及農業，將養殖場廢棄物中的養分，透過水耕栽培的方式供給植物，從而取代部分或全部的化學肥料。

垂直農業是補充性的產品

有些人會擔心，垂直農業將威脅到傳統農業，但這其實不太可能發生。垂直農業的優點是能夠有效率地利用土地，在每單位面積上生產更多作物。然而，垂直農業無法與全球大規模的糧食生產競爭，只是在供應鏈中提升生產力與彈性的補充性食品生產方式。以目前來說，像是生菜這類的葉菜類，因其尺寸小、生長週期短且附加價值高，利用垂直農業方式來栽培才有利潤。此外，若實現規模經濟，且流程走向標準化，栽培成本可望逐漸降低，未來也可種植更多種植物。然而，像是小麥這類的穀物，雖然技術上可以使用垂直農業，但會耗費太多能源，從成本的角度上來看並不划算。

若能透過垂直農業栽培更多生菜，就不需要從海外進口，能夠縮短食物里程[4]，也能降低對可能受乾旱影響之海外生產的依賴。

垂直農業可以支援傳統農業，像是協助開發新品種，或是提供未來要種植幼苗的空間。它也能提供用於生物能源計畫、再造林及生態系統恢復的空間。它可以改良傳統農業，但無法完全取代。

要讓垂直農場成為傳統農場的替代方案，最重要的是需

---

4 食物里程指的是食材從產地到消費者餐桌上的運輸距離。當距離越長，添加的防腐劑等食品添加劑就越多，風險也越高，同時食品的營養也會減少。

要降低成本。然而，目前的垂直農場需要具備氣候控制的種植室、無土壤系統、照明、供暖、冷卻和通風等基礎設施，因此資本支出相對較高。即使使用太陽能等再生能源，仍然屬於能源密集型技術。除了能源成本高，系統運行還需要熟練的操作人員，因此營運成本也很高。

有些人認為，垂直農業要使用電力，且比起土壤，水更是主要的所需資源，所以在水資源不足的環境下，可能無法永續發展。然而，從某些角度來看，垂直農業比起傳統農耕更具永續性，因為它所使用的是能夠多次重複利用水與肥料的封閉式循環系統。若使用這個方法，就不會將農藥等其他排放物排放至環境當中，與傳統農業不同。

即使擁有這些優點，相較於長時間在大太陽底下耕作的傳統農業，垂直農業給人一種過於人為的感覺，讓部分人感到排斥。然而，垂直農業是在受控環境中提升土地利用效率，可望克服因極端氣候導致的農業生產量不穩定問題。

6
太空飛行對人體的影響

太空的環境與地球完全不同，那裡的環境對人體會有什麼影響，我們很難想像。其實一直以來，我們不曾有過很多關於離開地球前往外太空的想像，因為那是只有太空人會經歷的特殊事件。不過，時代正在改變。

許多國家為了探索月球及月球之外的外太空，正在展開新一輪的太空競賽。與此同時，為了想親眼目睹地球迎來曙光的樣子，還有體驗無重力的驚奇效果的人們，商業化的太空飛行正越來越普遍。

透過 NASA 的研究，我們已經知道，太空飛行會改變人類的身體。過去六十年來，NASA 持續深入研究人體長期暴露於輻射環境之下的影響，例如罹患癌症風險增加、視力改變、肌肉及骨骼消耗等。透過讓雙胞胎太空人史考特・凱利（Scott Kelly）與馬克・凱利（Mark Kelly）其中一人在地球，另一人在太空軌道的實驗數據，NASA 發現了太空飛行對人體更具體的生物變化。

然而，大部分的研究對象都是經過高度訓練的太空人。太

空人多半有軍人背景，具有極佳的身體素質。他們的任務通常必須在無重力環境中待上好幾個月，比只有幾天的旅行要長上許多。

若能分析一般人的生物變化，將有助於我們更深入了解太空環境對人體會有什麼影響。基於這個推論，2021年9月，研究人員在 SpaceX 的靈感4號（Inspiration4）任務中進行了調查。這次的太空飛行，是由包含億萬富翁企業家賈里德‧艾薩克曼（Jared Isaacman）在內的四位一般人組成，這是首次由一般人執行的太空旅行，正好是能調查太空飛行對未經訓練的一般人身心影響的難得機會。年齡介於29～51歲的四位成員，同意在為期3天的飛行前、飛行中以及飛行後，提供血液、唾液、尿液以及糞便樣本。除此之外，他們在整個飛行途中也接受了認知能力測試。

在2024年6月發表的40多項研究中，研究人員發現，輻射與無重力環境會快速改變人體內部運作。在短短3天之內，人的免疫系統與基因表現就出現問題，思考能力也開始下降。

短短三天內變長又變短的端粒

靈感4號任務所繞行的地球軌道高度，比起太空人通常居住的國際太空站要高出許多，因此，研究人員能從更廣泛的人

口統計樣本中，觀察到短期內在高度執行任務時所發生的生物變化。這項研究的共同作者、康乃爾大學醫學院的克里斯多福・梅森（Christopher Mason），在接受雜誌《科學》訪問中表示，這次的研究結果中，有 40％是全新的內容。

令人驚訝的是，這些樣本反映了過去只有在長期太空飛行時會出現的身體變化。最明顯的是維持基因組完整的「保護性」末端，也就是端粒的長度增加了。通常來說，當細胞複製時，端粒會縮短，這是與老化相關的生物標記。

然而，雙胞胎太空人史考特・凱利停留在太空中 1 年，他的端粒實際上卻是變長了。異常長的端粒與癌症風險相關，但從某些角度來看，這顯示他的細胞在生物學上變年輕了。不過在他回到地球後，他的端粒又再次恢復到正常長度。

與凱利相同，靈感 4 號的成員們即使只在太空中待了 3 天，他們的端粒也經歷了變長又變短的過程，這顯示太空環境會迅速引起生物變化。

有一個研究團隊在深入研究後發現，幫助將 DNA 轉譯為蛋白質的「信使」分子 RNA，在極端的情況下會快速變化。這與先前在攀登聖母峰的人身上所觀察到的變化類似，在有重力但氧氣有限且輻射增加的情況下，RNA 出現了快速變化，這樣的變化也出現在靈感 4 號的成員身上。

研究團隊中來自科羅拉多州立大學的蘇珊・百利（Susan Bailey）認為，端粒延長的原因可能不在於無重力狀態，而是所

在高度以及太空中的輻射所導致。

遠距離太空旅行的健康問題預測

根據另一項研究顯示，太空環境對於飛行成員的免疫系統造成壓力，影響了負責對付感染及癌症的白血球群體的基因表現水準。雖然免疫系統的部分看起來維持著高度警戒狀態，但太空飛行的壓力對負責對抗感染的基因造成了影響，使得其對抗病毒及病原菌的能力降低。研究團隊使用了多體學資料，發現了與免疫系統功能相關的「太空飛行特徵」基因表現。

太空人們還出現了腎臟疾病的徵兆。透過分子信號分析，科學家發現，太空飛行可能增加腎結石的潛在風險。3 天的短期飛行不會造成太大的問題，然而若是前往月球或是火星的長期任務，太空人的腎臟問題可能會迅速惡化為醫療危機。

另外，靈感 4 號成員的認知能力也受到了影響。他們使用 iPad 進行了多項測試，包括測試他們保持專注力及注意力的能力，或是畫面上突然出現碼表時按下按鈕的反應能力等。在短短 3 天內，他們的能力就比在地球時下降了。

然而，這不一定是太空旅行所造成的認知力下降問題，也可能是窗外看到的地球景象，分散了任務成員的注意力。

為了能讓其他科學家進一步研究，他們將所有資料彙整至

網路公開資料庫「太空組學與醫療圖譜」（SOMA），組織樣本則儲存於生物資料庫。隨著商業太空飛行越來越普及，科學家們能夠收集任務前、任務中以及任務後的數據，進一步了解旅行至地球以外的地方對人類會有什麼樣的影響。

　　這些累積的數據與見解，或許能提供創意的發想，使科學家開發出能在橫越太陽系的長途旅行中，預防太空飛行負面影響的潛在治療方法。

附錄 1

千禧年計畫：
建立 AGI 全球治理第二階段（討論）

人工智慧大致上可分為三種類型。第一種是狹義人工智慧（ANI，狹義 AI），主要是用於特定目的的工具，如診斷癌症、自動駕駛、回答問題、生成程式，以及產生報告大綱的生成式 AI，應用十分廣泛。第二種是通用人工智慧（AGI，通用 AI），目前還不存在，但許多專家相信它會在 3 到 5 年內問世。它將能夠自主學習、編輯程式並自主行動，透過與人類相當的能力，甚至是超越人類的能力，用新方式解決新問題。舉例來說，當設定好目標，它就會自動查詢資料來源，撥打電話，甚至能夠重新編寫自己的程式來達成目標。第三種是超級人工智慧（ASI，超級 AI），它將會自己設定目標，不受人類控制獨立行動，並以超出人類理解範圍的方式行動。

超級 AI 會如何出現，又會如何行動？這是人類無法控制的，但人類可以制定國家及國際規範來管制通用 AI 的生成、許可、使用以及管理方式。從狹義 AI 過渡至通用 AI 的管理成效，會影響未來通用 AI 轉向超級 AI 的可能性。若沒有針對通用 AI 的國家及國際規範，全球的政府與企業的許多通用 AI，就可能會持續地自行重寫程式並互動，最終產生許多超出人類控制、理解及認知範圍的新型態超級 AI。

這是史蒂芬・霍金、伊隆・馬斯克以及比爾・蓋茲警告過的可能會導致人類文明終結的惡夢。為了避免發生這樣的情況，全球的政府、企業、聯合國機構以及學術界正在積極展開合作，希望能安全地指引這場轉變。甚至連美國與中國也親自

參與，討論有關未來 AI 型態的全球管理議題。如何管理通用 AI，可能會是人類所要面對最複雜也最困難的管理問題。然而，若是管理得當，它能在醫學、教育、實現長壽、解決地球暖化、科學發展或是創造更和平的世界等各種領域，為人類生活帶來巨大的進步。

全球治理模型

千禧年計畫中，針對狹義 AI 轉換至通用 AI 的全球治理研究團隊，在 2023 年探討了 22 個有關通用 AI 安全開發及使用的問題。在這項研究中，通用 AI 與具有特定目的的狹義 AI 不同，根據定義，通用 AI 會自主學習、編輯程式並自主行動，以與人類能力相當甚至是更優越的策略來解決新穎且複雜的問題。這些問題交給了 55 名來自美國、中國、歐盟、俄羅斯、英國以及加拿大的專家，並將他們的回覆整理後公布。

千禧年計畫的研究團隊以這些專家的意見為基礎，產出了通用 AI 研究的第二階段報告。為了進一步探討打造值得信賴的通用 AI 全球治理系統需要具備的要素，研究團隊設計了相關問題。由於這些問題不只需要專家，還需要政治人物、國際法學家、外交官、未來學家、倫理學家、哲學家以及社會科學家共同參與，研究團隊透過全球的千禧年計畫節點招募了各路

專家，組成了比第一階段範圍更大的國際專家小組。

這次研究所使用的即時德爾菲法（Real-Time Delphi），與使用2022年問卷調查結果來設計後續問卷的傳統德爾菲法不同，即時德爾菲法允許參與者在截止日期前，可以參考別人的意見，隨時修改自己的回答。本次的即時德爾菲法調查，從2023年11月15日開始，到2023年12月31日結束。

最終，總共有來自65個國家338人參與調查，其中229人至少提供了一個回答，113人沒有提供任何回答，僅表示希望能瀏覽通用AI國家及國際治理系統的相關建議事項。在標註性別的參與者中，76％為男性，24％為女性。千禧年計畫會利用第一階段與第二階段的研究結果，將研究推進至第三階段，製成通用AI全球治理模擬情境（參照附錄2）。

即時德爾菲法專家小組大多認為，無論是從國家或是國際的角度，都需要有通用AI治理系統。專家小組也同意，為了打造管理通用AI開發與使用的治理系統，必須要有多元的利害關係者（企業、學術界、非政府組織、政府等）參與。然而，有些人則偏好規範較少的分散式系統。

關於通用AI全球治理的各種模型，已經由即時德爾菲法的參與者評估其效果。每個模型後括弧內的數字，代表將該模型的成效標為「非常高」或是「高」的參與者百分比。

- 模型1：組成與狹義AI系統合作的多元利害關係者機

構（TransInstitution）。讓各狹義 AI 實現功能並與持續向多元利害關係者機構及國家通用 AI 治理機構的相關人員提供意見回饋（51％）。

- **模型 2**：以聯合國通用 AI 機構為主要機構，部分的治理功能由國際電信聯盟、世界貿易組織、聯合國開發計劃署來共同負責管理的多元機構模型（47％）。
- **模型 3**：透過像 SingularityNet 這樣的 AI 組織與開發者互動，實現無人擁有的概念（就像沒有人擁有網際網路一樣），實現通用 AI 的去中心化（45％）。
- **模型 4**：將最強大的 AI 學習晶片與 AI 推論晶片配置於受國際監督的有限數量運算中心，並與加入該條約的所有國家簽約，給予對等的訪問權限（42％）。
- **模型 5**：在聯合國 AI 機構下設置兩個部門。一個是專為包含前沿模型的狹義 AI 設置，另一個則是專為通用 AI 所設（41％）。

關於聯合國 AI 機構是否應擁有執行權限，以及這實際上是否可行，是否理想？眾人有許多不一樣的見解。有些人認為，聯合國無法有效阻止核子武器擴散、地雷布署，也無法強制各國減排溫室氣體，因此在通用 AI 規範上也不會有效果。然而大部分的人都認同，未受規範限制的通用 AI，確實存在可能對人類或社會帶來重大生存威脅的共同風險，必須建立全

球治理系統，具備管理各國執行與授權條件的監管系統。接下來，將依照對象來介紹若要建立可信且有效的通用 AI 治理系統，必須考慮到的潛在規範、要素、規則及特性。

開發者

- 在得到聯合國的國家授權認證之前，通用 AI 開發者在初期審查階段，須證明其安全性，以及其符合公認價值的程度。
- 使用於機器學習的資料，在取得國家授權之前，必須經過審查，避免含有任何偏見，且必須共享人類價值。
- 通用 AI 必須內建特定軟體，當通用 AI 執行預料之外或是不必要的動作時，能自動停止並進行評估，查明動作錯誤原因。
- 必須確保在沒有預設程序的情況下，通用 AI 不能啟動或關閉自身或其他通用 AI 的電源。
- 為了能持續進行即時監控，應透過通用 AI 內建的軟體，將通用 AI 與國家治理系統連結。
- 增加軟體功能，使通用 AI 能夠區分實際行為方式與應該採取的行為方式。
- 必須由人類監管通用 AI 的自我複製功能，並提供其反

覆自我改良的指導規範。
- 確保其不能修改過去的資料或是紀錄。
- 遵守艾薩克・艾西莫夫（Isaac Asimov）的機器人三大法則[5]。
- 確保通用 AI 將自身的產出物視為 AI 而非人類。
- 賦予通用 AI 豐富的自我反省以及同理能力。

政府

- 遵守即將生效的聯合國 AI 協定。
- 以前述「開發者」指導規範的獨立審查為基礎，建立授權程序。
- 將政府機構連結至聯合國機構以及通用 AI 的即時內部監控系統，建立符合公認價值（例如聯合國教科文組織、國際標準化組織、人工智慧全球合作組織、國際標準化組織、電機電子工程師學會）及國家規範的 AI 系統使用程序。
- 確保對網路安全性、防火牆、保安基礎設施以及人員身分進行嚴格驗證。

---

5 第一法則：機器人不得傷害人類，或因不作為使人類受到傷害；第二法則：除非違背第一法則，機器人必須服從人類命令；第三法則：在不違背第一或第二法則之下，機器人必須保護自己。

- 建立防止生成及使用深偽技術及假訊息的方法。
- 要求像飛機的黑盒子一樣保存通用 AI 使用紀錄。
- 建立通用 AI 能夠自主行動的時機點標準。
- 建立可管制並停用嚴重累犯違規者的晶片交易及電力使用的機制。
- 具備分析及理解通用 AI 輸出內容的能力,了解其要求採取行動的理由、相關假設、優先順序、必要條件及限制項目。
- 制定關於通用 AI 的國家責任法。
- 為確保通用 AI 持續遵守授權要求,由經認證的第三方來執行隨機審查及測試。
- 預測通用 AI 的變化,並靈活適應變化。

聯合國

- 在設計聯合國通用 AI 機構時,系統必須學習核武禁擴條約、禁止化學武器條約、禁止生化武器條約的驗證機制。
- 管理階層應包含公私部門的通用 AI 專家和倫理學者。
- 認證「政府」指導規範中所列出的國家授權程序。
- 掌握並監控超級 AI 可能出現的先行指標,並向會員國

- 及其他聯合國機構及早提出警告及建議應對措施。
- 開發協定，促進多國與企業 AI 間的互動。
- 與政府合作，確保可管制並停用嚴重累犯違規者的晶片交易及電力使用的能力。
- 在所有經認證的通用 AI 中內建聯合國治理軟體，並考慮開發類似防毒軟體的持續更新系統。
- 具備可管理政府及企業的集中式通用 AI 系統，以及來自許多開發者所創建的分散式通用 AI 系統的能力。
- 在保護開發者及企業智慧財產權的同時，為了審查其是否符合倫理規範，應包含能隨機存取通用 AI 程式碼的功能。
- 解決並遏制危險的通用 AI 軍備競賽與資訊戰。
- 預測通用 AI 的變化，並靈活適應變化。

使用者

- 像黑盒子一樣保存通用 AI 使用紀錄。
- 禁止使用潛意識或是心理學手法來操縱人類（但在雙方同意的情況下，如減重計畫時則例外）。
- 強化人類發展而非個人商品化。
- 防止未經授權的人或是機器進行操控或是修改。

接下來，我將介紹兩組研究問題回答的整理摘要。第一組問題（1～6）主要是關於建立通用 AI 治理系統時必須考慮的潛在規範、規則及特性，第二組（7～12）則是關於通用 AI 的潛在全球治理模型。這裡我們所探討的通用 AI，指的是非軍事用途的通用 AI。

問題 1

為了認證通用 AI 系統的國家授權,聯合國通用 AI 機構應該包含什麼樣的設計概念呢?

單位:%

70
當違反運作規則時,能夠關閉通用AI的功能(包含自動與手動)。

57
遵守與通用AI相關的潛在聯合國協定。

56
靈活且敏銳地預測及適應通用AI的變化。

49
明確區分通用AI治理與狹義AI(包含生成式AI)治理。

39
備有國家通用AI授權程序(例如信任標籤)。

38
與類似政府間氣候變化專門委員會的獨立系統連結,持續監控是否遵守運作及授權規則。

29
透過通用AI內建的軟體,將所有通用AI與國家治理系統連結,以便持續進行即時監控。

與問題相關的其他意見

- 以上所有功能都應該是基本要求，並在管理系統或是演算法設計的階段就要列入考量。綜合這些功能的設計，就會是良好的初始版本。用來持續監控通用 AI 的內建狹義 AI 部分，必須謹慎評估。電源開關的設置也是，若關閉通用 AI，可能會造成破壞性影響。這樣的功能可能因單純失誤而關閉通用 AI，但也可能被拿來當作攻擊手段。可行的解決方案是避免完全關閉通用 AI，而是選擇性地關閉不同的通用 AI 模組。
- 這些功能全都是必要的，透過通用 AI 內建的狹義 AI 軟體來進行持續地監控，是針對通用 AI 與狹義 AI 都存在的相關要求。
- 針對不同的通用 AI，應考慮制定不同的規範。像是國家擁有並管運的大型機器、大規模組織、軍事機構（戰術及戰略層面）、還有未來數十億支的智慧型手機等。
- 在全面理解 AI 的運作機制以及新功能之前，很難有效提出規範進行管制。可能會有人祕密開發通用 AI，並在我們的基礎設施中運作，這可能會導致出現無法有效保護人類的大規模反人類決策。
- 未來 6 年內，有 90% 的機率會發生奇點事件。我可以預見通用 AI 和超級 AI 將會自行創造出人類無法理解、

無法預測且無法客觀影響或控制的目標。人類能夠控制這種情況的唯一假設情境，是摧毀通用 AI 與超級 AI 運作所需的電子裝置。然而，隨著時代進步，若能成功從數位運算基礎設施轉至生物基礎設施（舉例來說，像是人類的大腦，或是人類大腦網路），通用 AI 或超級 AI 就能防止上述的逆轉情境出現。在這種情況之下，人類將會連控制的選項都沒有。最有可能的未來情境，是人類與超級 AI 合而為一，這樣的預測並不是毫無道理，因為這是唯一對雙方都有利的選擇。

- 國際機構教育大眾了解通用 AI 的潛在影響，提供明確的標籤，並在違規時停用通用 AI 的治理系統，確實具有優點，然而在實施時必須確保透明，且應該只在大眾面臨危險時啟動。為了確認是否遵守規範的即時監控，在極權國家或許可行，但在民主國家很困難。
- 相較於公共規範，我更相信私人競爭。而且誰來管制這些監管機構呢？
- 聯合國是唯一能實現合作與參與全球 AI 治理的地方。
- 強制註冊只會導致祕密系統產生，與其這麼做，不如向自願申請接受監控的人提供重要資源，像是能夠先得到先進晶片或是研究資料。這樣一來，系統就不會在黑暗中發展，並能達成遵守早期規範的目標。
- 希望能有一個框架工具，幫助我們掌握通用 AI 開發的

主要動機、啟動因素和限制因素，並提供一個共同的方式來理解和管理通用 AI 對社會的影響。
- 應對社交網路中具多元性、創意和獨特的提案保持開放態度。
- 與政府間氣候變化專門委員會類似，能夠提供有用的資訊，協助實現執行機構的組織應該會很有幫助。
- 聯合國可以根據各國的模型，打造一個取得各國共識且所有國家都認可的模型，然而若過度將治理權交給聯合國，會使通用 AI 議題政治化。
- 通用 AI 規範應盡可能激發動機，同時需有所限制。
- 應該要有規範，但不應過度限制。

問題 2

聯合國關於通用 AI 系統的國家授權認證程序，應該包含什麼項目？

單位：%

59
嚴格驗證網路安全性、防火牆、保安基礎設施以及人員身分。

57
在聯合國的國家授權認證前，通用AI開發者須在初期審查階段證明其安全性。

52
必須證明如何防止生成及使用深偽技術及假訊息。

50
必須證明其符合聯合國教科文組織、國際標準化組織、人工智慧全球合作組織、國際標準化組織、電機電子工程師學會等組織所協議的國際原則、公認價值與標準。

44
為開發及使用符合社會價值及優先順序的AI系統，須認證包含可持續監控系統的國家授權程序。

40
明確規定與AI活動相關的國家責任法以及聯合國AI機構的角色。

33
要求像黑盒子一樣保存通用AI使用紀錄，這樣一來，就可重現使用者的決策與決策因素。

與問題相關的其他意見

- 黑盒子是個很棒的點子。在這個概念被運用在飛機之前，很難掌握飛機失事的原因。這應該也可以運用在當通用 AI 擅自做出超出核准範圍的行為時，掌握其失控的原因。
- 要求使用者保存紀錄，等於是使個人資料門戶洞開。
- 就像引擎調速器能防止引擎失控，身為聯合國 AI 機構所認證的國家授權系統的一部分，透過通用 AI 內建軟體持續監控是合理的。
- 在初期審查階段證明其安全性雖然是必要的，然而目前來說，「安全性」的定義太模糊了。首先，應對明顯不容許的行為定義「紅線」，像是自我複製、為恐怖分子提供生化武器設計諮詢等等，並要求其證明符合規範。
- 認證標準在設置新功能時是基本且必要的。我很認同須符合安全性、國際價值與標準。然而，對於持續監控與社會價值和優先順序的關聯性，我並不是這麼認同。我的意思不是說這些目標不好，而是該由誰來持續監控？哪個組織能夠做出完全公正的判斷？同樣地，哪個使用者會保存通用 AI 使用紀錄？又是哪個組織會接收所有的使用數據？勢必會出現這些難以解決的問題。
- 這些全部都看起來很重要，但我擔心會因為過於官僚，

導致沒有彈性。另外，我也不清楚實際上能做到什麼。
- 在治理系統中，應該包含製作並使用通用 AI 的人該如何承擔責任。
- 我認為很難判斷什麼是可以作為價值一致的「證據」。即使是人與人之間的互動，都沒有能確認這點的機制，何況是人與通用 AI 之間的互動呢？
- 像是電影這樣的部分產業會用到深偽技術，所以不該完全禁止，而是貼上標籤。
- 沒有辦法強制推行授權認證程序。某些特定授權（像是透過網站或企業入口網頁訪問 AI）可能有效。然而，在判斷是否遵循規範、如何立法或是具體實施上，我們沒有足夠的知識。像飛機黑盒子這樣的點子不錯，然而 AI 若不是設置在公共領域，這個點子就幾乎不可能實現。因為無法事先預防，所以我認為，應該要制定並施行規範責任與義務的相關法條。然而，我擔心受到法律或政治制度的限制，導致最終制定出弊大於利的法條時，是否會由政府機構負責？此外，立法者對於需要立法的技術缺乏知識與尊重，也是一大問題。
- 必須在不壓抑革新、創意以及發展的前提下，實施監控與管理。
- 聯合國無法對主權國家強制施行規範，所以我認為，與其採取強制的態度，更應該將重點放在培養信念、勸

導、正確的認知,以及發展善用 AI 的文化。
- 量子運算將使現有的加密技術變得毫無用處,進而讓國家電網、銀行及其他必要服務暴露於風險之中。因此,應通過聯合國安全理事會制定併行的 AI 軍事計畫。同時應共同開發經各國協議的安全系統,這套系統可以以條約的形式建立。此類條約應保持開放性及選擇性,並致力於減少國際緊張局勢、不當技術擴張、軍備競賽及恐怖主義。如果聯合國安全理事會不處理與 AI 和網路空間相關的議題,此領域將成為危害國際關係的因素。

問題 3

AI 治理系統中,應包含什麼規則?

單位:%

74
通用AI不能被視為人類,應該被視為AI。

73
通用AI不可允許未經授權的人或是機器進行操控或是修改。

68
禁止使用潛意識或是心理學手法來操縱人類。

66
不能修改過去的資料或是紀錄。

55
通用AI必須內建特定軟體,當通用AI執行預料之外或是不必要的動作時,能自動停止並進行評估,查明動作錯誤原因。

41
必須能夠分析及理解通用AI輸出的內容,了解其要求採取行動的理由、相關假設、優先順序、必要條件及限制項目。

29
通用AI應具有豐富的自我反省以及同理能力。

與問題相關的其他意見

- 明確區分通用 AI 與狹義 AI 非常重要。雖然防止操縱人類是最理想的情況，但在其他媒體中也有操縱人類的案例，而且並不一定是帶有負面意圖（舉例來說，鼓勵健康行為也可以視為一種操縱）。此外，相較於像刀這樣會根據使用者和其意圖而結果不同的工具，通用 AI 從根本上就有所不同。通用 AI 的情況，系統本身可以是動作的執行者，這突顯了將同理和自我反省能力納入通用 AI 的必要性。

- 每一點都非常重要，但我認為應該更廣泛地修改「禁止使用潛意識或心理學手法」這一條。舉例來說，通用 AI 系統不應允許以任何形式來操縱人類，包括創造限制自由或選項的情境，誘導人類做出特定行為。自我反省通常用於提升 AI 系統的推理能力，讓 AI 系統具備同理能力雖然不是不可能，卻非常困難，因為同理心會根據文化和價值觀而不同，某些特定群體的特定價值觀，可能在其他群體中不那麼重要。因此，我們應該將目標放在使用可以量化同理心的指標來取代這項功能。

- 我給這個問題的分數，相較於前兩個問題更高，因為指導方針和規則非常明確，並且嚴格適用於通用 AI。我認為對通用 AI 本身設置限制會更實際，並能為使用者

帶來更直接的信心。

- 這裡列舉的許多功能，雖然都可能被納入系統中，但最重要的，是將這些功能設計為具選擇性，且確保達成共識。不遵守現有 AI 制度的國家，將無法得到最佳待遇。相反地，具備適當驗證技術的國家，則可最大限度地利用系統。
- 若能包含心理因素，會讓系統的層次到達全新境界。我們要怎麼知道潛意識是否被說服了？或許需要禁止 AI 模型學習心理學。
- 軟體必須開放編碼。
- 通用 AI 的產出物，必須能被識別為 AI 而非人類。
- 必須要有能夠區分真人演員與 AI 演員的新技術，為達成此技術，必須要改革教育。
- 通用 AI 系統應以人類為中心來設計，必須提供一套能控管人類與機器互動的機制。
- 各個項目應考慮到自我反省、自我參照，並經過充分的討論。一層層深入的自我反省，最終可能導向權力的誘惑。這與人類的本性以及對權力的欲望相關。這一切都能夠簡化成一個問題：為什麼我們要對自己設限？這對於強盛國家的政府來說更加困難。

問題 4

為了認證通用 AI 系統的國家授權,聯合國機構應考慮納入哪些額外的設計概念?

單位:%

66 能解決並遏制危險的通用AI軍備競賽及資訊戰的能力。

60 管理階層應包含公私部門的通用AI專家和倫理學者。

47 具備可管理政府及企業的集中式通用AI系統,以及來自許多開發者所創建的分散式通用AI系統的能力。

39 為不同國家和企業間的通用AI開發協議。

38 可管制並停用嚴重累犯違規者的晶片交易及電力使用的能力。

33 在所有經認證的通用AI中,內建聯合國治理軟體,並可像防毒軟體一樣持續更新。

28 在設計聯合國通用AI機構時,系統必須學習核武禁擴條約、禁止化學武器條約、禁止生化武器條約的驗證機制。

與問題相關的其他意見

- 在得到聯合國的國家授權認證之前，通用 AI 開發者在初期審查階段，須證明其安全性的這項要求，應擴大至所有用於建構通用 AI 的技術（例如量子運算）。
- 聯合國治理機構應屬宣言性質，依賴各國的善意而共同遵守，不應有強制力。授予非軍事性通用 AI 系統國家授權，與防止「軍備競賽」的概念，看起來自相矛盾。
- 必須記得，所有事情都有不同的層面。管制晶片會促使黑市產業發展。內建治理軟體會抑制創新，可能讓新創產業的發展變慢，這些問題已出現在目前的軟體規範機構，可能導致實現聯合國永續發展目標的能力降低。
- 管制並停用嚴重累犯違規者的晶片交易及電力使用，並不是聯合國做得到的事情。即使聯合國能夠控制供應鏈或是電力，那也不是它當前所擁有的權限，必須先大幅擴展國際治安權限。我喜歡治理軟體這個點子，然而我覺得現實中實現可能性不高，所以只給了 7 分（滿分 10 分）。我希望能納入來自不同領域的參與者。管理集中式通用 AI 系統及分散式通用 AI 系統，應該也是個很難實現的構想。最後兩項措施雖然深具意義，然而有關通用 AI 互動發生方式的參數，很難將其制度化或是制定法規。這樣的措施，感覺不完全是為了保護大眾，

而是提供資訊。
- 民間機構要怎麼管制軍事機構的通用 AI 擴散？通用 AI 軍備競賽中，誰會勝利呢？我想是機器。
- 我認為應該納入 AI 專家、哲學家、倫理學家、行為科學家以及人類學家等各領域的專家，成立一個各國政府認可的獨立機構會更好。
- 有效的安全功能應該由參與國以及學術機構合作設計。當意見不一致時，應該透過由參與機構及開發機構組成的管理機構來調解。
- 如果運算裝置可為個人所有，那以上任何一項都無法強制執行。
- 應納入 ISO 27000 電腦安全標準。

問題 5

與通用 AI 系統相關的聯合國機構國家授權程序認證,還應包含什麼內容?

單位:%

75
通用AI不能關閉由人所控制的電源開關以及其他通用AI的電源開關,也不能阻止人類介入。

65
必須證明當通用AI違反規則或是指引時,具備自動停止的功能。

60
必須明確標示輸出的內容是由通用AI生成的。

52
必須納入能判斷通用AI是否能自主執行任務,或是必須先向人類確認才執行的標準。

49
使用於機器學習的資料,在取得國家授權之前,必須經過審查,避免含有任何偏見,且必須共享人類價值。

47
為確保通用AI持續遵守授權要求,由經認證的第三方來隨機審查及測試。

40
在保護開發者及企業智慧財產權的同時,為了審查其是否符合倫理規範,允許聯合國通用AI機構隨機存取通用AI程式碼。

與問題相關的其他意見

- 允許聯合國通用 AI 機構隨機存取通用 AI 程式碼可能有幫助，但一些國家可能無法接受。與其如此，不如讓國家機構能夠存取通用 AI 程式碼，然後要求其向聯合國機構報告，這樣的方式可能會比較好。

- 審查偏見是很偉大的目標，但不太現實。每個專家提供的統計數值不太一樣，但目前約有超過 150 個認知偏誤。透過審查，可以從內容中找出帶有偏見的部分，就能更正確地了解是由哪些資料所引發的。然而，這幾乎是不可能做到的，因為可能發生的範圍太廣了。剩下的項目是很健全的開發通用 AI 概念。最後兩個項目我只給了 8 分，因為我懷疑聯合國是否能做到。

- 除了「為確保通用 AI 持續遵守授權要求……」以及「使用於機器學習的資料……」這兩項之外，大部分的項目我都認同。開發 AI 系統的民間機構希望能夠維持競爭優勢，若公開訓練資料（即使經過機密處理），可能會讓公司出現安全漏洞。第二，要審查規模達數兆個的訓練資料集幾乎是不可能成功的。第三，我們必須理解文化價值體系會隨著地區、族群等因素而有所不同。隨機審查以確認通用 AI 系統的生成物是否遵守規範這項，我認為應該修改。

- 不論是實體設計或是管理設計，系統操作者與其他人都應該受到保護，避免他們受到犯罪分子的強迫、利誘或賄賂，影響系統的目標或結果。因此，給予操作人員的報酬應該要夠高，並保障他們的退休待遇，杜絕他們收賄成為國際犯罪工具的風險。
- 這裡所有的提案都很有趣，然而也都是基於很嚴謹的制度化思維。
- 必須擺脫滲透在全世界所有階層社會的文化偏見。誰能保證通用 AI 的規範機構是公正且公平的呢？
- 若要審查 AI 的學習資料，不只要花很多時間、不切實際，而且如其他人說的，很難建立一個確保公正的規範機構。然而，我同意以上幾項的重要價值，且認為應努力推動實施。例如，通用 AI 的生成內容必須是可識別的，通用 AI 必須由人類控制。選擇通用 AI 管理者時必須嚴謹，他們必須有高標準的倫理道德觀念，且報酬必須與責任相當。
- AI 流程不只要考慮技術層面，也要考慮文化及社會層面。使用者在使用 AI 系統時會遵守基本的標準與共識，因此只需要簡單的安全裝置防止誤用就夠了。過度僵化的認證程序，可能會限制全面施行，造成障礙。
- 我們要使用 AI，但不能准許 AI 使用、控制甚至是操縱人類。

問題 6

AI 治理系統中，應再納入哪些額外的規則？

單位：%

66 通用AI不能啟動或關閉自身或其他通用AI的電源。

60 遵守艾薩克‧艾西莫夫的機器人三大法則。

59 掌握並監控超級AI可能出現的先行指標，並向會員國及其他聯合國機構及早提出警告及建議應對措施。

51 強化人類發展而非個人商品化。

45 通用AI能夠區分實際行為方式與應該採取的行為方式。

41 必須由人類監管通用AI的自我複製功能，並提供其反覆自我改良的指導規範。

31 其他

與問題相關的其他意見

- 超級 AI 能夠以隱密的模式出現,並在開始運作之前,躲避我們的監控。
- 超級 AI 將以隱密的方式出現,因此我們必須掌握可能出現的先行指標,並持續監控指標。
- 為了讓 AI 能夠發揮作用,我們必須賦予它一定程度的自主性,然而不能給予它完全的自主性,使 AI 自我支配,甚至是支配人類。
- 這些問題很棒且很有幫助,但這都是基於一個假設:機器能以一定水準的自我反省能力運作,且不受到人類的貪欲誘惑。
- 隨著通用 AI 與越來越多的重要服務整合,不提供通用 AI 自身或其他通用 AI 的緊急停止開關(Kill Switch)是很重要的。醫療服務便是其中一個領域,任何意料之外的情況都可能威脅生命。我們需要建立一個治理系統,以便在需要時可以新增相關法律條款。通用 AI 若能夠區分我們實際的行為方式與應該採取的行為方式很好,但人類本身就很難做到這點,且通用 AI 的學習又仰賴人類的資料,所以我不確定這點現實上是否可行。不過我還是給了 7 分,因為我希望能朝著這個方向努力。掌握超級 AI 的先行指標很重要,但要能做到這點,必須以

資料為基礎進行大量的討論。我想看到以效果為基礎的決策系統來進行治理。對於在經濟、情感及身體上可能遭受最大損失的社會領域，必須更嚴格的管理。這能夠避免大眾認為規範過度，限制試圖規避治理的行為。

- 除了管理重要基礎設施的情況以外，應該要允許通用 AI 自主關閉功能。
- 必須針對一連串的規則以及違反規則的人，制定相關的制裁法規。
- 防止通用 AI 任意存取資源（硬體、軟體、透過網路存取的其他系統等等）、自我繁殖，並演變成具有潛在風險、會自我進化的病毒。通用 AI 必須存在於受控的環境之中，不可修改原始碼、機器位元組碼、學習資料、安全基礎設施的參數。若是因為特定目的或是必須審查，須存取額外的運算、儲存、其他硬體、網路及網路資源時，必須獲得人類的明確認可才可執行。
- 通用 AI 必須通過驗證自身的意識與感受性水準的測試，像是非常複雜且創新的圖靈測試，以判斷 AI 是否已達到人類水準的測試。

問題 7

以聯合國通用 AI 機構為主要機構，部分的治理功能由國際電信聯盟、世界貿易組織、聯合國開發計劃署來共同負責管理的多元機構模型，其成效會如何呢？

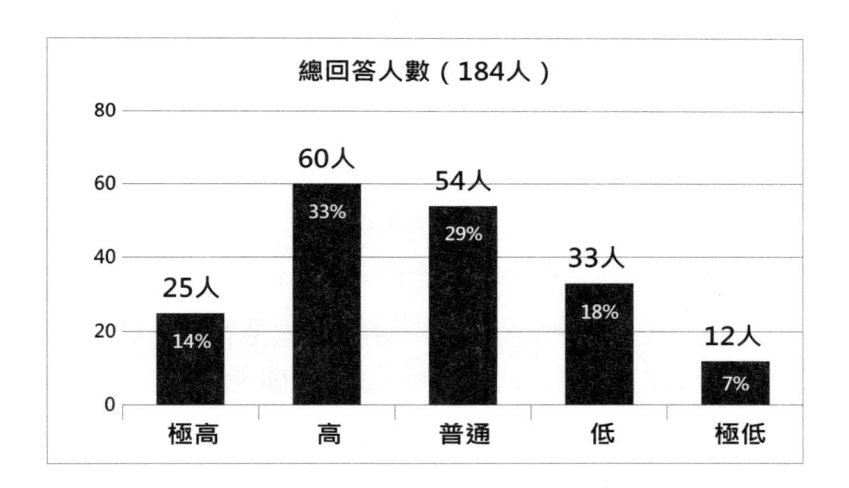

總回答人數（184人）

極高	高	普通	低	極低
25人 (14%)	60人 (33%)	54人 (29%)	33人 (18%)	12人 (7%)

與問題相關的其他意見

- 若希望 AI 能發揮更多潛力，就必須跨越領土的界線，全世界一起努力。
- 若能建立由多個國家的專門委員會共同審查及改良開放資源的監控平臺，應該會更有效果。
- 這類高度官僚化及政治化的機構，通常會阻礙機構本身及時適應新現象，尤其像是 AI 等加速開發的領域。

- 聯合國不是能夠信賴的組織,幾乎沒有人嚴肅看待。
- 包含聯合國通用 AI 機構的多元機構模型,能比其他利害關係人或其他機構,更受到全球國家的高度信賴,更有公信力。
- 我信任聯合國,但是我懷疑像貿易協定這種協議,是否適用於智慧生物的治理。到目前為止,人類的歷史是一段將人物化的歷史。我們意識到這是一種錯誤,現在有個機會能讓我們逆轉這套邏輯,甚至改將物品擬人化。
- 現有的所有制度都慢得令人擔憂。
- 議題太多,目標也過於多元。
- 這取決於實際作業時的協調程度。當成員意見不一致時,應該制定規則,提供一定的時間,讓成員考慮後做出決定。
- 可以將管理責任交由目前的各種跨國機構,或是由專家與未來學家組成的新跨國機構來負責。
- 從歷史上來看,對危險物品或威脅的國際管理,成效一直非常低。對地雷、生化武器、核武擴散及毒品等能以實體形式監控之事物的監控與執法,已經十分艱難,對於通用 AI 的管理應該會更困難。

問題 8

將最強大的 AI 學習晶片與 AI 推論晶片配置於受國際監督的有限數量運算中心,並與加入該條約的所有國家簽約,給予對等的訪問權限,這樣的模型成效會如何呢?

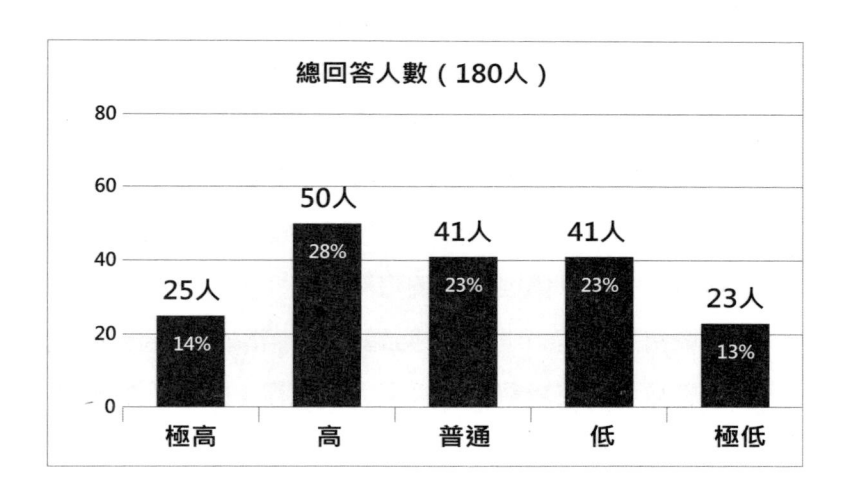

總回答人數(180人)

極高	高	普通	低	極低
25人 14%	50人 28%	41人 23%	41人 23%	23人 13%

與問題相關的其他意見

- 點子很好,應該納入新一代技術變革的量子運算中心。
- 雖然應該有效,且可算是一種保障,但同時也可能使少數企業壟斷與享有特權。
- 經濟成長會受限。
- 不加入條約的人,就會創造出不受規範的通用 AI,甚至是我們不想要的超級 AI。

- 如今，只要有一台高階遊戲用電腦，任何人都能開發並布署 AI 系統，隨著電腦的速度與記憶體容量增加，任何人都能開發並布署通用 AI 系統。若不嚴格限制電腦的存取權及所有權，這是無法實現的。
- 雖然有趣，但在實際運用上存在著挑戰與風險。最先進的通用 AI 功能目前正被商業化開發，追求潛在高收益，或是由政府開發，以在與敵人的競爭中占據優勢。當該條約生效，潛在的收益與投資報酬可能會消失，通用 AI 的開發就會受限。此外，若政府想將開發能力交給第三方，則需要達成國際間的共識。參與國家之間可能會有知識差距，甚至導致知識差距擴大。這可能會成為駭客與網路攻擊極具吸引力的目標。換句話說，聯合國必須打造出全球最高水準的網路安全。最後，像太空或是深海開採這類潛力還不為眾人所知的領域，由於競爭激烈或是容易發生紛爭，幾乎不可能進行有效監管。
- 無法確認也讓人無法信任。民間企業為何要擁有國際管控權？

問題 9

組成與狹義 AI 系統合作的多元利害關係者機構,讓各狹義 AI 實現功能並持續向多元利害關係者機構及國家通用 AI 治理機構的相關人員提供意見回饋,這樣的模型成效會如何呢?

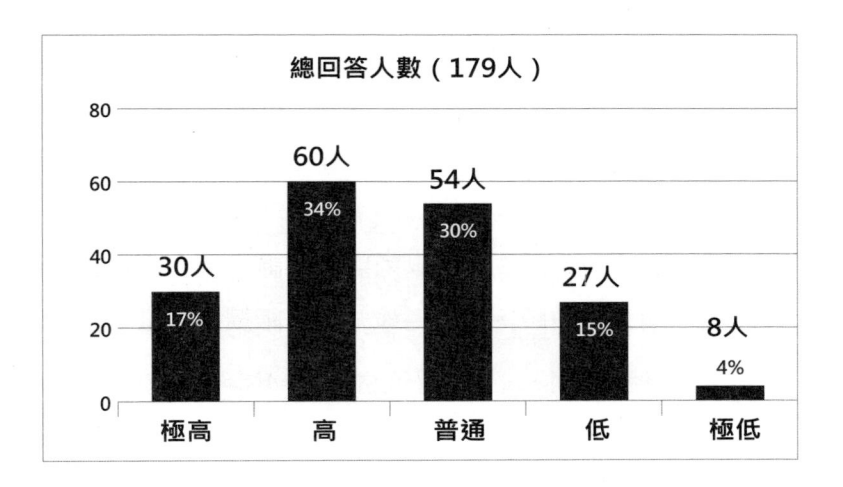

總回答人數(179人)

極高	高	普通	低	極低
30人 (17%)	60人 (34%)	54人 (30%)	27人 (15%)	8人 (4%)

與問題相關的其他意見

- 在特定的治理作業中使用狹義 AI,我喜歡這個點子,但我認為要組成多元利害關係者機構非常困難。這個概念說不定比找出技術解決方案更困難。另外,我也很好奇誰有辦法監控數百萬個通用 AI 的開發、交換及使用,做出治理決策。這感覺就像要一個人負責管制全球所有的航空交通一樣。

- 考慮到現在與未來（至少是當前的）國際系統特性，這個模型似乎更實際。
- 人類與 AI 主體間的價值協調過程應該不會太容易，但應該是最合理的處理方式了。
- 從多元利害關係者來切入是很實際的。所有國家都應該有參與的機會。
- 管理通用 AI 的方法很簡單。應該限制一個通用 AI 能擁有的財產、房地產和語言的數量，並強制要求必須具備一系列倫理性的公共利益功能，這些功能的優先順位高於所有者提供的任何公益功能，且應建立數百萬個通用 AI，使其互相監控。換句話說，我們必須承認，應該像人類社會一樣，必須不斷監控那些不良行為者、貪婪和自私的操縱者，建立一個能有效抑制不良行為者的社會。這不僅是在不對人類進行實驗的情況下，發展治理科學的機會，也是讓通用 AI 能夠在自我治理中汲取教訓，進而讓人類設計出更好的治理系統。
- 可以考慮建立具行（AI 功能）、列（運作領域）與三次元（利害關係者）的 3D 矩陣。
- 會做出惡意行為的人，不論有沒有治理機構，都會做出惡意行為。

問題 10

在一個 AI 機構下設置兩個部門，一個是專為包含前沿模型的狹義 AI 設置，另一個則是專為通用 AI 所設，這樣的模型成效會如何呢？

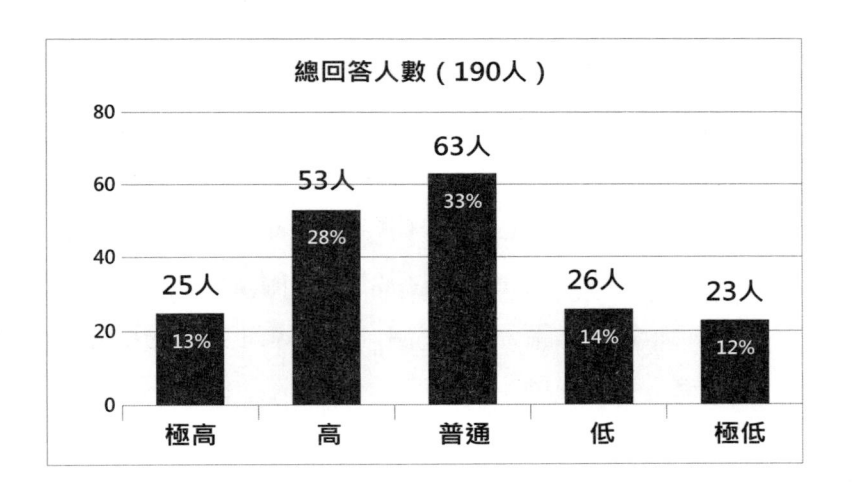

總回答人數（190人）

極高	高	普通	低	極低
25人 (13%)	53人 (28%)	63人 (33%)	26人 (14%)	23人 (12%)

與問題相關的其他意見

- 聯合國必須監控 AI 的發展，並且明確區分狹義 AI 與通用 AI，這就像是區分人與工具。工具的使用必須受到法律規範很合理。如果是與人合作的話，身為利害關係者，應該與他們討論並達成共識，而不是彼此對立。
- 當部門之間的治理風格不同時，就可能發生潛在的問題。部門會隨著怎麼定義狹義 AI 與通用 AI 而有所不

同，且可能會隨著時間持續改變。這個方式最後只會留下潛在問題罷了。
- 如果真的實現了，必須要持續地監控及調整，有條件地施行。
- 必須有多個部門，像是 AI 配對（AI Mapping）、企劃、實施平臺，以及與聯合國安全理事會合作的量子運算。
- 通用 AI 問世的話，區分 AI 的種類就會變得沒有意義。
- 新課題的責任要歸屬於哪個部門，問題可能會重疊且無法區分清楚，不必要的競爭可能會使狀況變得混亂。
- 管理通用 AI 與狹義 AI 的部門並未明確地區分，因此我不確定這樣的區分是否有用，但我也不認為這樣有任何壞處。界線模糊的案例可能會有權限上的爭議，但這取決於通用 AI 的定義。
- 在實際狀況中，區分狹義 AI 與通用 AI 可能會很複雜，且可能引起潛在的緊張情勢與衝突。況且，區分清楚這兩者能有什麼好處並不明確。

問題 11

透過像 SingularityNet 這樣的 AI 組織與開發者互動,實現無人擁有的概念(就像沒有人擁有網際網路一樣),實現通用 AI 的去中心化,這樣的模型成效會如何呢?

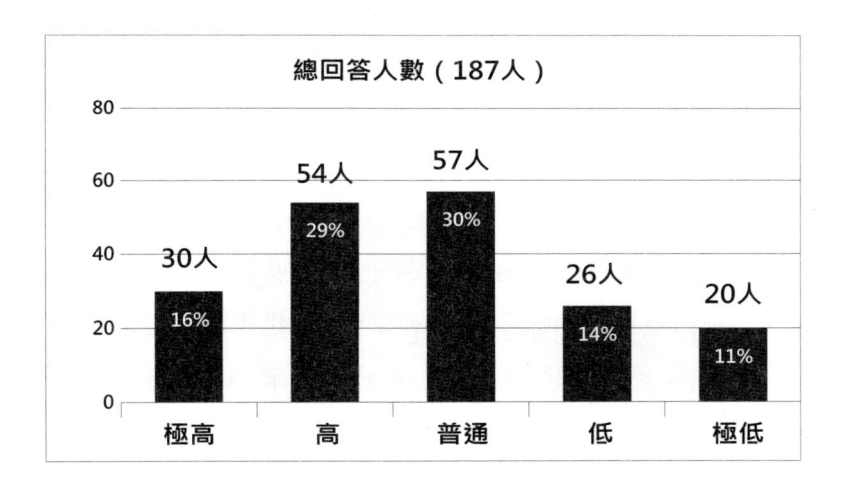

總回答人數(187人)

極高	高	普通	低	極低
30人 / 16%	54人 / 29%	57人 / 30%	26人 / 14%	20人 / 11%

與問題相關的其他意見

- 這是技術發展與進步下可以預料到的結果。然而,必須透過規範來將各種可能性都納入考量。網際網路是一個推動更多發展的技術,但通用 AI 與網際網路具有不同之處。規範應考量實際應用的層級與使用案例來設計,而不是技術本身。
- AI 企業的去中心化是必然會出現的現象。這並不是一

個必要的標準，但如果要順利實現去中心化，必須盡快達成國際共識，配置有效的聯合國開發工具。開放資源的 AI 平臺應該會非常有效。

- 為了資料的透明度，納入基於區塊鏈的系統如何？
- 去中心化技術通常會尋找能規避規範的方法，因為技術的發展速度遠超過監管機構。支持和鼓勵超過一定規模的開放資源、開放存取以及去中心化的 AI 模型，是唯一能在看得到的地方推動發展，並能迅速應對有害應用的方式。結構性地減少極端的權力集中，走向去中心化的治理系統，將是最強大的機制。最終，規範應該是針對應用層面而非技術層面。
- 這暗示了開放資源的開發者、政府、軍隊和企業等各種主體都有可能開發通用 AI。開放資源的開發者可以廣泛地擴散，而政府及軍隊則可以投入大量資源。因此，在這個模型中，會有兩種類型的通用 AI，一種是個人沒有任何權限，完全自由、開放且值得信賴的通用 AI；另一種則是由企業或政府支持，擁有強大權限的通用 AI。這些通用 AI，將會形成一種類似階級的劃分。
- 這之中有許多因素取決於通用 AI 的獲利性、持續開發速度以及開發者的利他性格。可能性一半一半。
- 考慮到目前各國之間的 AI 技術水準差距，這樣的模型難以想像。

- 反正這種情況一定會發生。考慮到一定規模以上的開放資源、開放存取以及去中心化的 AI 模型的安全性、責任性和普遍性時，我認為這是最好的方法。
- 不論是否嘗試治理，分散式的開發勢必會發生。會做出惡意行為的人，不論怎麼規範都沒用。
- 「網際網路不屬於任何人」並不是真的。這種過度簡單化的看法是很危險的，因此，將相同的原則應用在 AI 上，不僅危險，也不可行。
- 沒有所有權，也代表沒有責任。

問題 12

為了管理通用 AI 的開發與使用，哪一種全球治理模型最有效呢？

- 我認為國際航空組織模型會較有成效。每個國家都有其固有的規範（授權、檢測、罰則等），聯合國必須在國際層面協調。在航空模型中，維修工程師必須先經過測試才能取得執照。飛行員必須遵守聯邦航空總署所制定的規範。飛機零組件必須在測試後才可核准。飛行員每年至少接受一次測試。現場檢查也是規定的一部分。

- 為了規範 AI，可能導致我們過度依賴 AI。我們必須放下我們能夠自我控制的想法。如果以目前情況來說，AI 的透明度就已經是很有挑戰性的議題了，那導入通用 AI 後又會怎麼樣呢？

- 全球性的問題必須以全球性的方式解決。就像核武一樣，不能讓各國在沒有全球性的監管下，擁有開發或運行通用 AI 的自主權。此外，我們無法完全地管控通用 AI，要考慮到萬一通用 AI 自主修改原始碼，脫離人類控制的風險。

- 我們必須了解，我們正面臨人類前幾大威脅。不只聯合國，其他的國際機構也必須共同行動。為了立即採取行動，這一點必須非常明確。

- 為了達到即時治理及控制功能，必須建立整合狹義 AI 工具的跨領域模型來管理通用 AI。這個模型必須由人類所管理、監督及運作，且核心應為經高度訓練、具有封閉式資料庫的狹義 AI。
- 以電機電子工程師學會、國際標準化組織等為基礎的治理框架當作起始點，應該不錯。政治人物是負責制定條約與標準的人，所以必須盡快接受通用 AI 相關教育。然而，營利性企業和軍隊不會等待，他們會繼續不受限制地開發且布署，因此所有形式的 AI，可能都會超越我們所期望的有效治理系統。
- 唯一以相似方式與我們期望導入的治理模型「運作」的技術治理模型，出現在製藥領域。技術生產者必須先試驗其所引進的技術效果，並將結果向主管機關報告。經過這一程序後，產品才能夠上市銷售，授權機構會持續監控產品的使用。當出現非預期的效果時就可能取消授權。技術的使用須遵守嚴格條件，包含定義當對第三方造成損害時，生產者與使用者之間的責任分配方式。聯合國衛生組織會監控狀況並報告相關情況。
- 聯合國衛生組織的模型看起來很適合。有幾項國際共通的標準，也有符合各地區與國家現實情況的標準。
- 現今的執行集中於實際的實施，所以唯一能夠管制的方法，是管制通用 AI 的實際結果。

- 治理系統應由中央集權部分以及分散式部分組成，靈活地運作。同時要保持低成本、不阻礙創新與創意，並透過強大的指標系統，建立一個讓人們清楚了解做了什麼、為什麼要做、會有什麼結果的全球性控制板。
- 通用 AI 治理應基於輔助性原則，只有在公民、社會及國家無法自我規範時，聯合國的潛在通用 AI 機構才可以介入。聯合國通用 AI 機構不能是中央機構，必須是推動及支援的角色。
- 治理模型的會員國，必須維持民主，確保資料與規範權限平均分配給各會員國及各區域政府代表團。為達成此目標，應該考慮將區塊鏈及量子運算技術用於全球治理系統。
- 就像為了避免核武威脅而限制濃縮鈾一樣，要管控通用 AI 可能帶來的危害，應把重點放在限制會引發這些危害的資源上。
- 我認為在通用 AI 技術完全成熟且已知風險與失敗案例得到充分解決之前，不會有可行的全球治理模型。短期內最好的方法是持續追蹤技術並實行認證策略。
- 通用 AI 有很大可能會先出現在軍事研究領域，並從那裡開始擴散。所以很難建立有效的聯合國通用 AI 治理機構。

附錄 2

千禧年計畫：
建立 AGI 全球治理第三階段（模擬情境）

2023年7月，聯合國安全理事會警告，AI的急速發展，可能會對未來人類生存造成威脅。來自70個國家的議會代表，在2023年9月於烏拉圭召開會議，開始針對規範通用AI的方法進行討論。聯合國教科文組織的AI倫理協議，獲得193個國家的一致認可。美國的主要AI企業，為了建立AI規範，成立了前沿模型論壇及AI聯盟。中國則公布了與AI規範相關的國際合作連署。包含美國與中國的27個國家，簽署了由英國發起的《布萊切利宣言》，承諾透過國際合作安全地開發AI。由美國所主導，獲120多個國家共同支持，關於開發安全且可信賴AI的聯合國大會決議案，在2024年3月21日通過。聯合國祕書長的AI高階諮詢機構，在2024年夏天發表了《為人類治理AI》（Governing AI for Humanity）報告。

這一切都很偉大，卻未提及或反映AI可能帶來的變化規模。各國政府開始自行制定詳細規定，是在聯合國大會通過了決議，決定成立起草AI協定的委員會之後。藉此，關於通用AI的國家及全球治理基礎得以建立。

在委員會確定草案，且聯合國AI協定通過的同時，紐約的聯合國大樓外聚集了示威群眾，高喊著「在AI控制我們之前，先控制AI」。聯合國的AI協定包含了有關狹義AI與通用AI的兩個部分。以此為契機，促成了後來國際人工智慧總署的成立。默默支持著這一切的，是在2023年首次談論AI的聯合國安全理事會會議前，於日內瓦舉行的一連串美中AI領袖祕

密會議。這場會議有助於推動後來的外交協商,使美國與中國的合作比預期更順利。

通用AI治理情境

在聯合國 AI 決議通過之前,國際間的爭議範圍很廣且複雜。某些人主張,規範會抑制 AI 的開發,而且並非所有人都會遵守這些規範。另一些人則反駁道,若沒有規範,由各國與各個企業所製造的數千個不受規範的通用 AI,會進化成各種型態的超級 AI,不受人類控制。另外,也有某些人表示,這樣的超級 AI,會給地球上的實體基礎建設、管理系統以及社會帶來混亂。還有些人質疑,聯合國沒能阻止核武擴散以及地雷部署,也無法強制要求減排溫室氣體,對通用 AI 的規範是否能有成效,令人存疑。

國家、企業與開發者之間的利益衝突,導致治理的導入進展緩慢,但與此同時,通用 AI 的開發時鐘仍在持續滴答作響。

在以集體智慧決策軟體、Podcast,以及面對面會議等各種形式進行大規模公開討論的同時,主要的 AI 企業、政府、大學以及智庫的理想主義者,持續在構思以聯合國協定的型態,創建 AI 全球治理的草案。他們考慮到多元利害關係,與 G7、G20、貿易集團、軍事同盟、國際議會聯盟、主要國家議會的

AI 委員會，以及在日內瓦召開的美中會談，維持緊密的合作。國際電信聯盟與經濟合作暨發展組織的工作人員，也彙總了國際標準化組織與電機電子工程師學會針對通用 AI 規範及治理標準的多項國際研究。

各方達成共識，認同由聯合國教科文組織、經濟合作暨發展組織及人工智慧全球合作組織所提出的，符合 AI 普世價值的各國 AI 授權系統的共同要素，將成為未來聯合國多方利害關係者機構（國際人工智慧總署）的設計核心要素。各國將自行打造並管理各自的授權系統，聯合國的國際人工智慧總署則負責認證這些授權是否符合國際標準。與此同時，負責制定聯合國協定中 AI 代理互動協定的小組也抓住了機會，定義 AI 代理之間的合作、競爭以及協同關係。

當所有的通用 AI 都無法創造出協同效應時，每個通用 AI 會自動聯絡人類，即使無法實現協同效應，仍會為了促進通用 AI 之間的合作，設定即時會議議題，供人類開會。當問題持續存在時，會交給國際人工智慧總署去解決。

協商代表團利用製藥產業的監管系統案例，說服各方 AI 監管是可行且有效的。藥品生產商會實驗其打算引進的產品的效果，並將結果報告給主管機關，經過這一程序後，產品才能夠上市銷售，且授權機構會持續監控產品的使用。當出現非預期的效果，也就是副作用時，可能取消授權。技術的使用須遵守嚴格條件，包含定義當對第三方造成損害時，生產者與使用

者之間的責任分配方式。聯合國衛生組織會監控狀況並報告相關情況。這樣的方式，有望應用在通用 AI。

但製藥公司與通用 AI 有幾個很大的差別。藥物不會自己重新編碼，也不像人類一樣聰明，無法自我複製或自我改良。因此，為了監管通用 AI，必須再納入新的措施。例如，將多個狹義 AI 設置於通用 AI 系統內部，24 小時持續監控，另外，不同的需求或指引由不同的狹義 AI 負責管理，並與通用 AI 內部的其他需求一起處理。這個方式可以確保通用 AI 有效運作。

聯合國全球治理系統應執行事項的相關討論，請參考附錄 1 的全球治理模型，其中整理了針對聯合國、各國政府、開發者以及使用者的指南。

在經過許多討論之後，中國與美國終於在聯合國大會上，共同提出了關於 AI 的聯合國協定。協定的每個部分，都包含了國家及聯合國的各個利害關係者，隨時監控 AI 與通用 AI 是否符合人類普世價值的內容。在協定批准後過了幾年，終於成立了負責執行聯合國協定的規則的多元利害關係者機構國際人工智慧總署。國際人工智慧總署憲章起草委員會，由聯合國祕書長辦公室主導，並由國際電信聯盟、美國、中國、阿里巴巴，以及 Google 共同擔任主席，共有超過 100 個以上的國家，25 個企業代表參與。

國際人工智慧總署是個屬於半自主去中心化組織的獨特「跨機構」。營運委員會有政府、企業、非政府組織、學術界

以及聯合國機構的參與,但沒有任何一個特定機構達過半數。此外,當各國監控系統無法暫停違反規則的通用 AI 時,國際人工智慧總署的 AI 會監控並中斷,具有半自主性。使用者的通用 AI 軟體,以及政府與國際人工智慧總署軟體的狹義 AI 會持續更新,強化管理委員會、員工及執行機構。這是 21 世紀第一個綜合適應型混合(人類－AI)全球機構。

　　通用 AI 族群之間的衝突,曾引起停電、金融轉帳取消,以及機場災害等事件,然而在教育、健康、環境,以及和平上的好處則是驚人地多。部分通用 AI 新創企業,選擇轉移到具備明確通用 AI 規範、優良測試模擬平臺,以及政治安定的國家,其他國家也紛紛複製這些規範,同意與國際人工智慧總署合作。

　　聯合國的 AI 政府間專家小組,旨在使所有國家都能從迅速變化的世界中受益,提供有關科學進步的資訊。然而,國際人工智慧總署與 AI 政府間專家小組,都無法阻止 AI 被運用於資訊戰。就像在冷戰時期,蘇聯與美國意識到,不受任何人控制的核武競賽只是互相威脅,對任何一方都沒有好處,所以簽訂了《核武禁擴條約》一樣,不受控制的通用 AI 資訊戰也必須受到管理並停止。因此,狹義 AI 與通用 AI 管制條約得以訂立,並持續更新。然而,沒有自主建立通用 AI 授權系統的國家,資訊及媒體操縱的情況嚴重,導致社會和諧破裂,最終需要外部介入來恢復國家安定。

國際人工智慧總署、國際刑警組織、北大西洋公約組織，以及各國的警察機構，正持續努力探測並應對組織犯罪中的通用 AI 使用。控制計算機容量供應鏈，監控電力及水資源的使用量增加情況，經證實是有效的早期警示及監控工具。

國際人工智慧總署成立後仍持續的活動

　　國家及國際人工智慧總署治理系統的核心功能，是通用 AI 內部的狹義 AI 所負責的暫時停止功能。當通用 AI 超出護欄（Guardrail），或是偏離價值對齊（Values Alignment）時，狹義 AI 會暫停通用 AI，以便了解問題。當通用 AI 變得更聰明，可能會為了規避暫停命令重新自我編碼，這時系統就會向人類發送通知，提醒暫停通用 AI。若連這一步都被通用 AI 規避了，就會由與通用 AI 的狹義 AI 保持聯繫的政府機構自動暫停通用 AI。而當這樣的方法都漸漸被聰明的通用 AI 規避時，就要啟動國家系統與國際人工智慧總署之間的自動連結機制，暫停通用 AI，並向使用者、政府機構以及通用 AI 製造業者，要求立即召開會議。

　　國際人工智慧總署預期，將有數千個通用 AI 擴散，為了協調並管控通用 AI 的彼此互動，准許創建專屬的通用 AI。由於物聯網的驚人成長，許多通用 AI 代理極為活躍，導致通用

AI 生態系比起任何人類試圖管理的系統更複雜，且對任何微小決策極為敏感。為了有效控制，雖然實際上更複雜，但國際人工智慧總署需要套用類似航空交通管制員的概念，利用量子運算技術建立一個群體智慧系統，還需要人類與通用 AI 持續互動。通用 AI 協調者根據聯合國 AI 協定中所規定的普世價值，致力於尋求並建立不同通用 AI 之間的協同效應。若在這個過程中發生衝突，系統會通知國際人工智慧總署的人類成員，解決衝突。

雖然國際原子能總署負責管理核計畫，但仍然需要單獨的軍事條約來規範核武器，同樣地，國際人工智慧總署提供了國際治理協商的整體框架，但個別的軍事條約仍需進一步協商。

2027 年美國與中國負責擔任共同主席，日本、俄羅斯、英國、印度、北約成員國、伊朗、法國以及其他 7 個國家，以特別觀察員身分參與通用 AI 軍事會談。在此會談中所制定的條約，預計在 2028 年簽署，經 120 個以上的國家批准後，2029 年生效。當違反條約時，將會透過停止晶片交易及限制條約國家的國家層級訪問等制裁來解決。

組織犯罪透過網路犯罪所賺到的金額，已經超過全球軍事預算的總和。犯罪組織聘請強大的軟體開發者，積極加入通用 AI 競爭。組織犯罪使用通用 AI，可能是因為 AI 專家說服了他們，不受控制的 AI 會摧毀他們的帝國，而他們也跟其他人類一樣，不想失去對系統的控制。

通用AI問世

通用 AI 最初是被設置在沒有連接網路的受控環境之中，進行科學研究、氣候模擬，以及全球資源優化，透過非常謹慎的受控實驗，測試其安全性，了解基本系統的運作。通用 AI 在美國國家標準暨技術研究院或其他國家系統的複雜模擬中，證明了它的兼容性，此外它也遵守其他國家的規範，在網路取得了授權。

依循各種不同策略，各種通用 AI 相繼被開發出來。在 2020 年代中期，將龐大的數據輸入大型語言模型或是多模態模型，似乎是唯一的方法，但隨著新的數據壓縮技術出現，開發者開始探索能夠減少運算與能源的方式，並使用以強化學習為基礎的演算法與自主系統。此外，隨著 AI 開發者形成不以中央集權方式，而是分散方式合作的網路，通用 AI 問世。

不論是依循何種策略創造出來的不同型態的通用 AI，量子電腦在醫學、基礎設施管理、教育、國際和平協商、氣候政策調整、政治決策、跨國犯罪應對、貿易領域的科學探索，以及在決策過程中強化全球倫理等各種領域上，都引起了大規模的應用與效率革命。

到了 2030 年，人們應會逐漸熟悉，運用通用 AI 於私人祕書、私人教師、家教、醫療諮詢、市場調查、物流優化，以及各種效率改善上。市場從管理垃圾到管制交通，在所有的領域

上都運用了這項技術來強化決策。生態智慧城市成為新標準，通用 AI 在淡水化、水資源管理、認知科學、原子級的精密製造、疾病預防、合成生物學、個人化醫療，以及太空產業的起步等科學研究領域上，加速創造突破性發展。

通用 AI 能夠降低生活成本、優化能源消耗與生產，並且透過對機器人、合成生物學生物、通用 AI 以及其產品、奈米技術產業，以及其他新一代技術課稅，創造新的稅收來源。

通用 AI 如今幾乎已整合到所有領域，透過語音合成與識別技術，使實體物品看起來像是有生命一般，並將人類與建築環境打造成意識與技術的連續體。由於通用 AI 的決策符合人類的核心價值觀，政府與整個社會變得更符合倫理道德，犯罪與貪腐現象可望減少。此外，通用 AI 在消除避稅天堂、推行碳稅、減少組織犯罪，以及降低政府的低效率與人力成本上發揮了作用。為了減緩地球暖化速度，通用 AI 在優化人類的行為、實用化原子級的精密製造，以及確保合成生物學的安全等方面，帶來了重大革新。

新一代技術所帶來的稅收增加，以及通用 AI 取代生產流程中許多部分的勞動力，生活成本降低，全民基本收入在財政上應可實現，預計到 2035 年左右，會先從部分富裕國家開始實施。這減少了人們對於大規模失業的恐懼，全球也會有越來越多人利用 AI 虛擬化身，尋找額外的收入來源。

通用 AI 負責尋找國家之間的潛在協同關係。持續了數千

年衝突的零和地緣政治,如今逐漸轉變為基於協同分析的國際關係。外交官為執行協同情報、協同優勢與協同策略,運用通用 AI 為參謀,長久以來的衝突逐漸冷卻。

通用 AI 加速了 AI 研究與機器設計,使超級 AI 提前出現。

超級AI問世

說不定,全球政府、企業以及研究機構的所有 AI,正在形成一個 AI 文明,而超級 AI 就從那個文明中出現,目前我們無從得知。雖然不清楚超級 AI 是怎麼製造出來的,但在基礎建設效率以及修繕領域上,已經開始出現了無法解釋的現象。各國的通用 AI 授權系統與國際 AI 協會,正努力將通用 AI 導入正向軌道,讓超級 AI 成為造福人類的角色,而這屬於信任問題。從智慧隱形眼鏡、智慧服飾到在腦中植入裝置,許多人選擇與 AI 融合。也有些人想在生物學死亡後繼續以另一種形式存活,所以製造與通用 AI 及超級 AI 一起進化的數位孿生。此外,也有些人選擇拒絕改變或強化與生俱來的能力,當個「自然人」。人類看似已經準備好區分為四大種類,分別是後生物人(Post-Biological Human)、**虛擬生物人**(Cyber-Biological Human)、**擴增人**(Augmented Human),以及自然人(Natural Human)。

到 2030 年,將會啟動解決 AI 的遠距離能源問題計畫。該

計畫將利用太陽能，在軌道上打造資料中心，藉此解決在地球上會面臨的冷卻、水源以及能源需求問題。這樣的資料中心預計將可以無限制地應付通用 AI 與超級 AI 的能源需求。然而，到了 2035 年，在軌道與海洋的平臺上，應不再需要人類介入，超級 AI 能夠自主開始建設資料中心。

為了設立國際人工智慧總署總部的一步

隨著包含通用 AI 的 AI 急速發展，帶來巨大機會的同時也伴隨著相當大的風險。未經規範的開發可能會導致倫理困境、安全威脅及社會動亂。為了負責任地開發並使用 AI，為全體人類帶來益處，減輕潛在的危害，全球治理框架是必要的。AI 具有全球化的特性，為解決超越國境的問題，需要國際間的合作。因此，我們創立了國際人工智慧總署這個全球國際機構，提供一個平臺，讓各國共享知識、模範案例以及資源。國際人工智慧總署將會扮演以下的核心角色。

- **開發全球標準**：建立針對 AI 的開發、布署及使用的標準指導方針。
- **推動符合倫理道德的 AI**：AI 系統要以符合倫理道德的方式開發並使用，確保系統尊重人權及人類價值

- **推動國際合作**：為解決與 AI 相關的挑戰，推動國家之間的合作。
- **提供技術支援**：支援開發中國家建構 AI 相關技術與能力。
- **應對新風險**：預測並降低與 AI 相關的潛在風險，像是工作機會被取代、偏見問題及自主性武器。

AI 在醫療、教育及氣候變遷等多樣化領域上，具有創新潛力。然而，為了實現這些優勢，以尊重人類價值與人權的方式開發並使用 AI 系統，是非常重要的。

國際人工智慧總署將在推動符合倫理道德的 AI 開發、解決偏見及歧視問題上，扮演重要角色。

國際人工智慧總署可從成功管理核技術的國際原子能總署得到珍貴的教訓。這兩個機構都需要有強大的國際合作、專業技術及穩固的治理結構。國際原子能總署將重點放在核技術，而聯合國的國際人工智慧總署，則將重點放在 AI 所帶來的機會與風險。這包含了開發符合倫理道德的指導方針、推動負責任的創新，以及解決潛在風險。國際人工智慧總署可應用國際原子能總署模型，解決 AI 治理的特定需求。

國際人工智慧總署總部的選址也是個很重要的問題。該地區必須具有強大 AI 生態系與良好連接性，且必須是政治中立的地方。此外，還必須是能提供 AI 研究、創新及投資有利

條件的國家，文化及社會價值觀也要符合國際人工智慧總署的價值觀及優先順序。筆者均認為，具有強大 AI 生態系、中立的地緣政治位置、積極支持的政府，且具有充滿豐沛活力文化的韓國首爾，符合以上所有條件，推薦首爾為國際人工智慧總署總部候選。為了支持聯合國國際人工智慧總署總部設立於首爾，我們進行了廣泛的研究，驗證其可行性。此研究的宗旨，是評估首爾的戰略優勢，推動全球達成共識、確保產業夥伴關係，以及解決潛在障礙。

除了首爾外，還有日內瓦、新加坡及東京等候選，為了找出最適合的地點，應會進行全面性的分析。

另外，國際人工智慧總署積極與具領先技術的企業合作，推動開發符合倫理道德的 AI，共享模範案例，並解決新的挑戰。與學術界及研究機構的夥伴關係，對於發展 AI 研究、開發新技術，以及推動符合倫理道德的 AI 至關重要。此外，應盡力爭取如山姆・阿特曼這樣在 AI 社群中具影響力人物的支持，以達成目標並籌措資金。

國際人工智慧總署是在包含條約及協定的現有國際法框架下運作，須努力促使會員國的國內法及規範，與國際 AI 治理標準達成一致。國際人工智慧總署將會建立有效執行機制，確保各國遵守指導方針及規範，其中可能包含解決紛爭程序、制裁措施，以及責任機制。

在國際人工智慧總署的角色當中，技術管制是很重要的。

國際人工智慧總署的目標，是開發並實現強大的 AI 安全與保護系統，減少風險並防範惡意行為者的破壞，同時推動會員國之間的合作，建立安全的通訊網路，保護機密資訊。

　　尤其是在訂定 AI 開發指導方針時，為了識別並減少偏見、歧視問題，以及自主性武器等的潛在風險，應優先進行 AI 安全及保護相關研究，推動國際間的 AI 研究合作，分享知識，共同解決全球問題。

高寶書版集團
gobooks.com.tw

RI 398
2025－2035世界未來報告書：
人類走向發展臨界點，氣候緊急狀態影響所有產業，AI能否帶來解方？全球未來關鍵10年
세계미래보고서 2025-2035：미래 10년의 모든 산업을 뒤흔들 기후비상사태

作　　者	朴英淑（Youngsook Park）、傑羅姆・格倫（Jerome Glenn）
譯　　者	金學民、顏崇安
編　　輯	林子鈺
封面設計	林政嘉
內頁排版	賴姵均
企　　劃	陳玟璇
版　　權	張莎凌

發 行 人	朱凱蕾
出　　版	英屬維京群島商高寶國際有限公司台灣分公司 Global Group Holdings, Ltd.
地　　址	台北市內湖區洲子街88號3樓
網　　址	gobooks.com.tw
電　　話	(02) 27992788
電　　郵	readers@gobooks.com.tw（讀者服務部）
傳　　真	出版部(02) 27990909　行銷部(02) 27993088
郵政劃撥	19394552
戶　　名	英屬維京群島商高寶國際有限公司台灣分公司
發　　行	英屬維京群島商高寶國際有限公司台灣分公司
法律顧問	永然聯合法律事務所
初版日期	2025年02月

세계미래보고서 2025-2035：미래 10년의 모든 산업을 뒤흔들 기후비상사태
Copyright ⓒ 2024 by Youngsook Park
Published by arrangement with KYOBO BOOK Centre Co., Ltd.
All rights reserved Taiwan mandarin translation copyright ⓒ 2025 by GLOBAL GROUP HOLDING LTD.
Taiwan mandarin translation rights arranged with KYOBO BOOK Centre Co., Ltd. through M.J. Agency.

國家圖書館出版品預行編目(CIP)資料

2025-2035世界未來報告書：人類走向發展臨界點，氣候
緊急狀態影響所有產業,AI能否帶來解方？全球未來關鍵
10年 / 朴英淑, 傑羅姆.格倫(Jerome Glenn) 著；金學民,
顏崇安譯. -- 初版. -- 臺北市：英屬維京群島商高寶國際有
限公司臺灣分公司, 2025.02
　　面；　公分 .-- (致富館；RI 398)

譯自：세계미래보고서 2025-2035：미래 10년의 모든
산업을 뒤흔들 기후비상사태

ISBN 978-626-402-186-9(平裝)

1.CST: 未來社會　2.CST: 氣候變遷　3.CST: 人工智慧
4.CST: 產業發展

541.49　　　　　　　　　　　　　114001073

凡本著作任何圖片、文字及其他內容，
未經本公司同意授權者，
均不得擅自重製、仿製或以其他方法加以使用，
如一經查獲，必定追究到底，絕不寬貸。
版權所有　翻印必究